珍藏本
纪念版

汉译世界学术名著丛书

货币均衡论

〔瑞典〕缪尔达尔 著
钟淦恩 译

2017 年 · 北京

Karl Gunnar Myrdal

MONETARY EQUILIBRIUM

William Hodge & Co.Ltd.

London 1939

本书根据伦敦 W.霍奇公司 1939 年英文版译出

汉译世界学术名著丛书
（120年纪念版·珍藏本）
出版说明

2017年2月11日，商务印书馆迎来120岁的生日。120年前，商务印书馆前贤怀揣文化救国的理想，抱持“昌明教育，开启民智”的使命，立足本土，放眼寰宇，以出版为津梁，沟通中西，为中国、为世界提供最富智慧的思想文化成果。无论世事白云苍狗，潮流左右激荡，甚至战火硝烟弥漫，始终践行学术报国之志，无改初心。

迻译世界各国学术名著，即其一端。早在20世纪初年便出版《原富》《天演论》等影响至今的代表性著作，1950年代后更致力于外国哲学和社会科学经典的译介，及至1980年代，辑为“汉译世界学术名著丛书”，汇涓为流，蔚为大观。丛书自1981年开始出版，历时三十余年，迄今已推出七百种，是我国现代出版史上规模最大、最为重要的学术翻译工程。

丛书所选之书，立场观点不囿于一派，学科领域不限于一门，皆为文明开启以来，各时代、各国家、各民族的思想与文化精粹，代表着人类已经到达过的精神境界。丛书系统译介世界学术经典，引领时代思想，为本土原创学术的发展提供丰富的文化滋养，为推动中国现代学术和现代化进程做出了突出的贡献。

为纪念商务印书馆成立120周年，我们整体推出“汉译世界学术名著丛书”120年纪念版的珍藏本，寄望既利于文化积累，又便于研读查考，同时向长期支持丛书出版的译者、编者和读者致以敬意。

两甲子后的今天，商务印书馆又站在了一个新的历史时间节点上。我们不仅要铭记先辈的身影和足迹，更须让我们的步伐充满新的时代精神。这是商务人代代相传的事业，更是与国家和民族的命运始终紧密相连的事业。我们责无旁贷，必须做好我们这代人的传承与创造，让我们的努力和成果不仅凝聚成民族文化的记忆，还能成为后来人可以接续的事业。唯此，才能不负前贤，无愧来者。

商务印书馆编辑部

2017年10月

中译本序言

本书作者缪尔达尔(Karl Gunnar Myrdal),瑞典资产阶级经济学家,瑞典学派(也叫北欧学派或斯德哥尔摩学派)主要代表者之一。斯德哥尔摩大学教授;1933—1938 年间兼任瑞典政府经济顾问和瑞典银行理事;1945—1947 年间任瑞典商业部部长;1947 年以来任联合国欧洲经济委员会秘书长。其主要著作除本书外还有《价格形成问题与变动因素》(1927 年)、《经济学说史中的政治因素》(1929 年用瑞典文出版,英译本于 1954 年出版)、《美国的进退维谷——黑人问题与现代民主》(1944 年,纽约版)、《国际经济》(1956 年,纽约版)等。

瑞典学派是当代资产阶级经济学的一个主要流派。它的奠基者为达卫·达卫逊、卡赛尔和魏克赛尔三人,其中魏克赛尔,特别是他在 1898 年出版的《利息与价格》一书,对瑞典学派的形成有重大影响。在这本书中,魏克赛尔提出“自然利率”这个概念,以与市场利率(指金融市场的借贷利率)相区分。所谓“自然利率”(也叫“真实利率”),是指(按照庞巴维克的资本利息理论)原始生产因素(土地与劳动)不直接用于制造消费资料,而用于制造资本物以进行所谓迂回的生产时,实物资本的物质的边际生产率。它也可以设想为借贷不使用货币,完全由实物资本的供给与需求所决定的利率。它大体相当于庸俗经济学所谓资本的边际生产率,或通常所理解的投资的预期利润率。魏克赛尔认为,设若市场利率恰好与自然利率一致,则投资、储蓄、生产、所得及物价水平等均无变动趋势,即经济体系将维持在均衡状态,这时的市场利率,又称为正常利率或均衡利率。在这种情况下,经济体系的运行,完全由货币以外的因素决定,货币只起着流通媒介和计价单位的作用,货币因素对于物价是"中立"的,故又称为"中立货币"或"中性货币"。设若由于市场利率的降低或自然利率的提高,以致市场利率低于自然利率,则因利率的低落,资本货物的价值(等于资本物的预期收益按现行利率的折现值)将上升,于是引起生产资料生产的扩张、投资超过储蓄、生产和所得的增长,以及物价水平上涨等积累性的经济扩张过程;反之,设若市场利率高于自然利率,经济体系将出现生产资料生产减缩、投资小于储蓄、生产和所得缩减,以及物价下跌等积累性的经济紧缩过程。

瑞典学派是在二十世纪二十年代末到三十年代期间正式形成的。其主要代表者及其著作:(1)本书作者 1927 年所出版的《价格形成问题与变动因素》,在这本书中,作者在庸俗经济学传统的静态均衡价格理论基础上,加入预期(expectation)这一因素,强调企业家对未来的主观预期及不确定(uncertainty)和风险(risk)等因素在价格形成理论中的重要作用;(2)本书,书中提出把一些经济变数,如资本价值、所得、储蓄、投资等区分为事前估计(ex ante)与事后计算(ex post)两种,这两个概念成为瑞典学派成员进行所谓动态分析时所普遍采用的一种理论分析工具;(3)林达尔在 1929—1930 年间出版的《货币政策的目的与方法》,书中对魏克赛尔的上述积累过程,作了进一步的阐发,企图建立所谓动态分析的期间分析法(period analysis)或序列分析法(sequence analysis),来代替庸俗经济学传统的均衡分析法。作者在缪尔达尔的影响下,认为企业家的预期对魏克赛尔的积累过程有决定性作用;(4)1927年在瑞典成立的失业委员会及其成员于1933—1935年间所发表的报告书及附录:巴格(Gösta Bagge),《失业的原因》;阿克曼,《产业合理化及其效果》;哈马舍尔德,《经济波动的蔓延》;缪尔达尔,《财政政策的经济效果》;约翰逊(Alf Johanssan),《工资与失业》;俄林(B. Ohlin),《货币政策、公共工程、补贴和关税政策是消除失业的工具》,以及由哈马舍尔德执笔的委员会的最后一次报告书——《消除失业的对策》,这些论文尽管在分析方法和使用名词方面有若干细节上的不同,它们的理论基础都受到魏克赛尔、缪尔达尔、林达尔等理论的强烈影响,其结论极为相近;(5)伦德保(E. Lundberg)的《经济扩张理论的研究》(1937年,伦敦),书中采用序列分析法研究资本主义经济危机问题。

瑞典学派的形成及其所以受到各国资产阶级经济学家日益增长的重视,是与资本主义总危机时期,资本主义内在矛盾日益尖锐化分不开的。第一次世界大战后,1920年,在一些主要资本主义国家爆发了周期性经济危机。这次危机后的萧条持续很久,危机和萧条期间的失业情况超过了十九世纪任何一次危机。经过短暂的复苏后,1929年又爆发了资本主义世界历史上最严重的一次世界经济危机。在两次世界大战期间,设备开工不足和失业工人甚至在所谓经济高涨期间也大量存在。另一方面,在资本主义发展到总危机阶段后,随着垄断资本对资产阶级国家机器控制的加强,一小撮财政寡头利用其所控制的国家机器，日益加强了对国家经济生活的干预，借以攫取最大限度的垄断利润。在这种经济政治条件下，十九世纪资产阶级经济学各种流派的静态均衡理论体系（断言经由资本主义自由竞争下的市场价格机构的自动调节作用，资本主义经济可以实现所谓充分就业的均衡），在失业大军和过剩设备经常大量存在的事实面前，已日益丧失其辩护作用；而国家垄断资本主义的发展也要求垄断寡头御用的经济学家为其编造“理论”依据，这使得当代资产阶级经济学家不得不找寻某些新的辩护手法。因此，资本主义总危机时期，资产阶级经济学发展的主要趋势，表现出如下一些特点：(1)在被迫承认资本主义自发的市场力量不一定能保证充分就业的同时，却又说什么只要国家加强对国民经济生活的干预和调节，就可以“消灭”危机和失业；(2)编造出各种各样的经济危机“理论”，把周期性生产过剩危机，说成是由货币、心理、自然或技术等方面的原因所引起的，企图以此掩盖危机的唯一真正原因，乃是资本主义制度内在的基本矛盾，并为实质上是旨在加强国家垄断资本主义反动统治的所谓“反危机”措施制造“理论”根据；(3)为弥补庸俗经济学传统的静态均衡理论的显明漏洞，倡导所谓与资本主义现实更为“接近”的动态经济学；(4)进一步用主观唯心论来代替对资本主义经济过程的客观分析，强调资本家主观心理的预期对资本主义经济发展的决定性作用，企图以此否认资本主义发展的经济规律的客观必然性。瑞典学派正像当代资产阶级经济学的其他流派一样，正是为适应当代垄断资本的上述需要而形成和发展起来的；加上它与凯恩斯 1930 年出版的《货币论》与 1936 年出版的《就业、利息和货币通论》在分析方法、理论结论和政策主张等方面有许多极为相同之处，所以自二十世纪三十年代以来，特别是自第二次世界大战以后，瑞典学派的著作受到其他国家资产阶级经济学家日益增长的重视。

需要指出，在政治经济学的一些基本理论方面，瑞典学派完全接受和附和庸俗经济学其他流派的辩护谬论，如价值理论的边际效用说和均衡价格理论、分配理论的边际生产率说和归与论等。对于经济危机问题，卡赛尔和魏克赛尔是投资过多危机理论的主要代表者，二十世纪三十年代瑞典学派的著作与凯恩斯的就业理论亦颇为接近。瑞典学派作为一个独特流派，其主要特点表现在：第一，更多地注重经济危机问题的研究，并且理论的杜撰与所谓“反危机”措施极为密切地结合在一起，这个学派的主要成员大都直接参与瑞典政府经济政策的制定和执行工作。第二，倡导所谓动态经济学，企图以此修补静态均衡理论的显明漏洞。第三，在理论分析方法和分析工具方面，倡导把一些经济变数，如资本价值、所得、投资、储蓄、成本等区分为事前估计与事后计算两种数值；主张用所谓期间分析（亦称过程分析或序列分析）来阐释资本主义经济的运动变化过程，以代替庸俗经济学传统的均衡分析。第四，特别强调资本家主观心理对未来经济前景的预期对经济发展的“决定性”作用。

*　　　　*　　　　*

以上我们极其简括地评介了瑞典学派的基本特点。本书是瑞典学派的一本重要著作，也是缪尔达尔的一本代表作。在本书中，作者对他首创的事前估计与事后计算这两个概念作了较系统的论述。如上所述，所谓两个概念工具，已为瑞典学派成员普遍采用，成为这个学派的突出特点之一。借助事前估计这一概念工具,他们在论述资本主义的所谓动态过程时,把资本家的预期放在他们的“理论”结构中,从而把资本家对未来经济前景的主观心理预期说成是决定资本主义经济发展的决定性因素。这两个概念工具之所以为瑞典学派成员广泛采用,而作者也自我吹嘘说,“假如本书有什么贡献的话,那么主要的贡献可能就是它首先提出了事后和事前的概念”(第46页),原因就在这里。

本书中心内容,是分析说明魏克赛尔在《利息与价格》一书中提出的货币均衡的概念和含义。作者在“接受魏克赛尔货币理论的根本特点,并在假定他的说明基本上是正确的这一前提下”(第32页),对魏克赛尔这一理论中的某些自我矛盾和缺点作了分析批判,提出了一些修改补充的论点。作者认为,十九世纪庸俗均衡价格理论把价格形成理论跟货币理论分离开来,以及用货币数量说来说明价格水平,存在着一些显明缺点;认为魏克赛尔的“新”货币理论的主要“贡献”,在于借助自然利率与市场利率的联系,把货币理论跟资本利息理论以及价格形成理论结合在一个理论结构之中,并且“把货币理论的主要着重点,由旧数量说中支付机构的肤浅水平转移到价格形成本体的较深刻的水平上去了”(第26页)。不言而喻,魏克赛尔对庸俗价值论和数量说之显明漏洞所作的细节上的修补工作,正像他的前辈们一样,绝没有使他的“新”理论具有丝毫科学因素。离开了价值由劳动决定以及价格只是价值之货币表现这一唯一科学的理论,是绝不可能阐明价格问题的。至于魏克赛尔蹈袭庞巴维克的谬说,把他所说的自然利率说成是源于迂回生产中物质资本的较高生产率(或所谓时间因素本身的生产

率)，这种企图否认利息利润只是剩余价值之转化形态的辩护论调，其谬误更是无须多费笔墨的。

如上指出，魏克赛尔把他所谓的自然利率说成是源于采取迂回生产时的实物资本之技术因素所带来的实物的边际增量，自然利率的大小取决于实物资本的供给和需求(因而所谓自然利率也可以看做是设想借贷不使用货币，在物物交换条件下由实物资本之借贷关系所决定的利率)；认为当市场利率恰好与自然利率一致时，即具备了货币均衡的条件，这时的市场利率可称为正常利率(或均衡利率)；魏克赛尔还认为，货币均衡或市场利率是正常利率的条件或标志，还可同样地看做是能使资本市场的投资等于储蓄的利率，或者能保证一个稳定的价格水平的利率。缪尔达尔认为，魏克赛尔的纯技术意义的自然利率概念，在货币经济下是自相矛盾和无法确定的。他说，所谓自然利率实即是实际资本的收益率或预期利润率，在这个意义下的自然利率，显然取决于生产因素和产品的交换价值或价格，而后者又受市场利率的影响。由此他认为，“货币利率也必须包含在用来确定自然利率的公式之中”(第51页)，“企业家所预期的绝对的未来货币价格，必然决定魏克赛尔心中所有的生产率关系”(第52页)。缪尔达尔还认为，魏克赛尔的第一个均衡条件与第二个均衡条件虽然是恰好一致的，但两者有因果关系，即第一个条件要以第二个条件为前提。就是说，自然利率不能离开整个价格形成机制而单独地被决定，所以只有某种市场利率恰好使投资等于储蓄时，才能说这时的市场利率等于自然利率(或投资的预期利润率)；至于具备这两个货币均衡的条件与稳定的价格水平则是截然不同的事情。据缪尔达尔的说法，

在具备了投资等于储蓄的条件下，虽然也充分地决定了某种价格关系（即商品和生产因素的相对价格），但价格的绝对水平却是可以变化的。

这里不可能就缪尔达尔对魏克赛尔理论的修正补充作全面的分析批判。需要着重指出的是，缪尔达尔对他的前辈的理论的补苴罅漏的工作，只是更加暴露了当代资产阶级经济学说的谬误。这不仅在于缪尔达尔完全附和庸俗经济学的辩护谬论，如均衡价格论、资本边际生产率论以及货币数量说等，还在于缪尔达尔之独特的"贡献"是特别强调所谓企业家预期的决定性作用。"以后的分析，主要目的是使货币体系中含有预期"（第 33 页），"全部货币问题决定于预期这一因素"（第 34 页）。说什么资本主义经济的发展变化的决定性因素是资本家的预期，其谬误更是不言而喻的。由此我们可以看到，不管当代资产阶级经济学家怎样枉费心机地使用各种巧妙的花招来掩盖资本主义的内在矛盾，企图以此对抗日益深入人心的马克思主义科学真理的传播，当代资产阶级经济学之日益陷入主观唯心论的泥坑，只是资本主义日益走向死亡这一客观必然性在意识形态领域中的反映。

宋承先

1962 年 12 月

目　　录

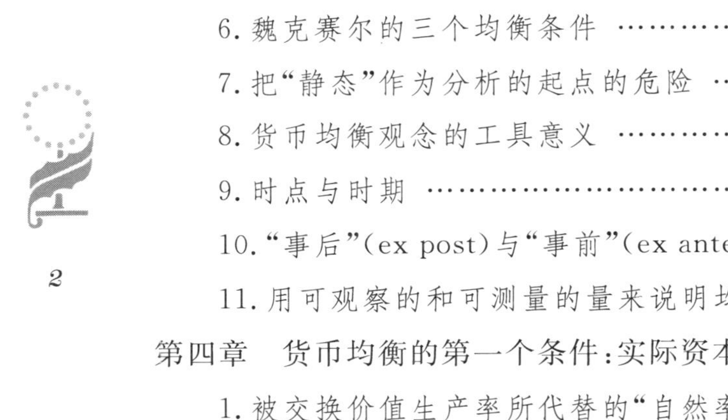

作者序言

这篇论文具有在写它的那个时候的特点和它的作者的背景。它是在大萧条初期所做的要为比较深刻和比较全面的货币理论奠定基础的各种尝试中的一种。几十年来魏克赛尔(Knut Wicksell)的货币理论在瑞典是讨论的中心。本书作者不是一个完全新的研究方法的首创者,他是在魏克赛尔原有的理论结构中提出他自己的看法,这是十分自然的事情。的确,在本文中,这种陈述的方式进行得已经使它成为一个对魏克赛尔的"含蓄的批判"("immanent criticism")。虽然这种含蓄的批判的方法比之对货币理论问题直接进攻出现某些缺点,但是在这里它被证实是很有用处的,因为它能够给魏克赛尔理论的表述穿上现代的外衣。这个方法另一或者是同等重要的好处是,它便利于研究某些有决定意义的假设,这些假设虽然是货币理论的全部结构的基础,但是常常为人所忽视。

这篇论文主要限于研究"货币均衡"的概念和含义。这个概念对魏克赛尔理论来说是基本的,同时对所有后来魏克赛尔理论的各种变种来说,不论它的伪装如何,也是基本的。然而,在这个受到限制的结构中,对研究某些在这个时候似乎是重要的有关货币问题,我还是感到自由的。当我写原稿的时候,我原把它看作我打算写的一篇正面论述经济动态的导论的初稿。自从那个时期以后，其他职务使我不能完成这个愿望。

1931年在《经济学杂志》(*Ekonomisk Tidskrift*)中发表的瑞典文原作《货币学说论文集》(*Om Penningteoretisk Jämvikt*)是为日内瓦国际问题研究所和斯德哥尔摩大学所作的一系列关于魏克赛尔货币理论的演讲稿的摘要。德文译本命名为《均衡概念作为货币分析的工具》(*Der Gleichgewichtsbegriff als Instrument der Geldtheoretischen Analyse*)，包含在《货币理论论文集》(*Beiträge Zur Geldtheorie*)中，后者是哈耶克教授(Prof. F. A. Hayek)所编的一部论文集(维也纳，1933年)。德文版中加上了三章导论性的文字，同时若干包含有助于解决纯粹是瑞典争辩问题的段落则被删去了。现在用英文发表的这篇论文是德文本的译文，没有重大的修改。

要修改这篇论文便意味着写一本新书，因为全部经济情景已发生了变化，同时在实际经验、潜心研究和沉思默想的影响下，作者自己的观点也有了变化。在过去七年中，货币问题的文献已经有所增加，或许增加得比以前任何时期都多。既然考虑当前情况对本文作一全面的修改是不可能的，因此，除了为使这篇论文更加清楚和一致的改动外，我力图避免其他改动。然而，第四章和第五章中末尾几节的重要修改似乎是适当的。例如，我从德文版中删去了我试图说明魏克赛尔的第一和第二个公式是等同的几节。因为照我现在对于这个问题的看法，这种尝试是错误和不适当的。第一个公式不能离开第二个公式来决定，而且实际上它只不过是对更为抽象的第二个公式下面的因果要素的一个说明。

英文译本是在布赖斯(R. B. Bryce)和斯多培尔(N. Stolper)两位先生创议下进行的。我热诚地感激这两位朋友对于我的旧论文所花费的劳动;同时也要感谢约翰·德·威特·诺顿(John De Witt Norton)先生和罗林·贝奈特(Rollin F. Bennett)先生,他们在后一个时期曾阅读和校对全部的手稿。

甘纳·缪尔达尔

第一章　导论

1. 战后货币理论中简化近似方法的任务

自从世界大战开始以来，在多事的年代里，实在很难理解为什么经济学家还会有这样充裕的时间和闲暇来作清晰的思考和谨慎的观察。在经济政策范围内的变化，特别是在货币事务方面，具有这样革命的性质，它已动摇了资本主义秩序的基础。这一直是一个需要迅速而勇敢解决的问题——特别是在今天[①]比过去任何时候更是如此。因此，现实生活要求科学，首先是理论结构要尽可能简单，以便使忙碌的金融家和政治家能够容易理解它和立即运用它；这些金融家和政治家对于世界的金融和政治制度的控制，经常是怀疑而犹豫不决的。今天的这些要求已经很好地为那些能够直接参酌存在于事务表面上因而显得很重要的现象，作出简单的、现成的理论说明和行动规则的经济学家所满足了。

在这一时期内，科学工作的市场价值，毫无疑问，在很大程度上决定于它是否有将研究结果表述成为口号的可能性。可以毫不迟疑地承认，在这个时期中某些新闻工作者肤浅的意见，在事态迅

① 1932 年春。

速变化情况中，对实际方针的决定倒有真实价值，即使从较高的观点来看，亦是如此。但是，这只有在这一情况下才是这样，就是这种肤浅的意见必须是在比较全面的研究的基础上获得的，而不是以作为科学研究结果提供给从事实际工作的人的简化理论结构的表面观察为依据。这些简化后的说明，具有**深思熟虑的近似的性质，在任何情况下，只适合于这个时期的特殊情况**。它们没有一般科学确实性。为了使它们成为完全确实的，即使它们是在特殊情况下为这一特殊情况提出的，也必须以具有高度复杂性的十分全面的分析为基础；而这种全面分析不可能连同结果一起提出而不损害后者的那种从实用观点看来使它们具有价值的简明性。

这种适用于某种情况同时又是明智地简化了的近似公式，在我看来，一个好的例子就是古斯塔夫·卡赛尔(Gustav Cassel)的购买力平价说。任何认真研究过卡赛尔这一理论说明的人，都会发现卡赛尔本人把这个理论叫做十分简化的近似法。它之所以有价值，是因为它用鲜明的轮廓着重说明一个单一的思想，这一思想卡赛尔认为——照我想来这是正确的——必须尽可能着重地把它打进当时负实际责任的政治家和银行家的头脑中。假如承认购买力平价说的这一性质，假如一开始就认为它只是适用于某种特殊情况的十分简化的近似的东西，那么，科学讨论对这一主题便可免除冗长的争辩了。要证明购买力平价说不是普遍有效的，要证明当国际汇兑关系受到严重震荡以后，这一理论和国际贸易理论不相适合，这一工作实在太简单，不能引起野心的科学家的注意，特别是因为这一理论的创始人已经承认它的有效性是有限制的了。

2. 传统的数量说的复活

我们谈到购买力平价说，只是作为一个例子，用来说明已经简化成为标语那样简单的理论，在动荡的时期里能够获得实际上的重要性，也能够获得实用的价值。从以下篇幅中所要谈到的货币理论问题的观点来看，指出传统的数量说如何又在实际的和理论的讨论中卷土重来，是更有意义的事情。尽管数量说有多种不同的形式，但它主要仍是欧文·费希尔(Irving Fisher)用他的著名的标准公式所描述的理论内容。

从这一时期需要简洁明了的表述来看，这是不足为奇的。在流传下来的经济理论的集合体中，恐怕任何部分都不像数量说这样容易简明化和普及化，这是在那个环境下对它很有利的事实。而且它还包含有足够的普通常识，对于实际货币政策的指导，并不是完全无用的。它涉及直接摆在每一个人眼前的经济现实。然而，在更仔细的考察之下，它便显露出很多理论上含糊不清和疑难之处，使理论家们感兴趣，并使他们的详细阐发上能有足够的个人的特征。总之，它在极高程度上含有可以引起科学争论的各种性质，虽然这种争论往往是没有结果的。而且，最后，要找出一个更适宜于货币问题的理论发展的基础，的确是很困难的。

3. 经验主义者对数量说的批判

然而，不能从这里推论数量说在这时期内没有受到批判，即使我们把它的较为隐蔽的变体包括在内，也是如此。例如，许多带有经验偏好反对所谓正统理论的作家便反对它，或者——即使他们曾用过它的话——至少他们也不明确地说它是他们的结论的必要前提。

早些时候在英国，特别是在德国，就是这种情形。但是它的特点是，从经验上来反对抽象的理论分析，却相对地宽恕了刻板的甚至在更坏的意义上说是“空洞”的理论，近来和过去都是这样。就美国制度学派来说，他们对货币在经济生活中的任务加以特别阐明，就可以说明这点。他们把货币和追求利润的动机当作私人资本主义社会的一种“制度”。换句话说，他们没有像反对传统理论其他部分一样去反对货币理论的基本观念。对于这点，他们有很好的理由。正如我马上就要指出的，数量说的肤浅使它能免于像交换价值中心理论一样堕入虚假的形而上学的深渊中，这应当感谢边际效用学派的努力。

还有另一情况使经验主义者不致对数量说过分吹毛求疵。如果他们企图避开理论上的思考，他们在处理像货币这样具有很明显的实际意义的问题时，就会受到阻碍。这里争论的问题往往关系到两不相容的行动方针的可能的未来后果。这是不能观察得到的。往往有许多事情在各种情况下是独特的，而有关的未来政治行动的各种方法所产生的后果，更不在直接经验研究的范围以内。要解答货币政策的问题，即使经验主义者也不得不部分地依靠纯理论的思考。要想给予这种思考以正统的数量说以外的任何其他形式是很困难的，特别是对于像经验主义者那样企图避开主要均衡理论的人来说更是这样。

4. 理论家对数量说的批判

但是更重要的可能是数量说也逐渐受到在原则上不反对抽象理论的经济学家的批判。这些批判家是要用一个更好的货币理论来代替老的数量说。现在出现了另一种货币分析的形式，它不再强调支付手段的数量。在某种程度上，这是一种新的现象，因此魏克赛尔在对数量说讨论的批判分析中，[1]着重指出数量说从未曾真正受过其他更好发展的理论的挑战，这是对的。

在十八世纪末，尤其是在十九世纪初期，许多经济学家就已成功地指出数量说的弱点和困难，但他们没能真正用其他理论的假设去代替它。他们只是在对数量说做小的改进的时候才是成功的。因此，货币理论的一般分析方法大部分仍然和一个多世纪以前一样。想建立一种根本不同的理论的人，由于这种困难，都不得不放弃这一努力了。

但是在最近数十年来，一种不同的货币解释出现了。它越来越渗入专家、银行家、新闻记者和在政治家有关货币政策的讨论之中了。这种新的更鲜明的对待货币理论问题的态度，是为那些使

① 魏克赛尔：《利息与价格》(*Geldzins und Güterpreise*)，1898 年耶拿版，第 iii 页［第 xxiii 页］和第 39 页［第 43 页］；《国民经济学讲演录》(*Vorlesungen über Nationalökonomie auf der Grundlage des Marginai prinzipes*)，1912—1922 年耶拿版，第 2 卷，《货币与信用》(Geld und Kredit)（以后简称《讲演录》，用 1928 年第二版），第 160 页［第 141 页］和其他各处。魏克赛尔的这两部著作现在已有英译本：《利息与价格》，1936 年伦敦版；《讲演录》，1934—1935 年伦敦版。方括号中的页码是英译本的页码。（《利息与价格》已有中译本，1959 年商务印书馆出版。——译者）

简单肤浅的数量说有实际重要性的同样事实所刺激起来的，这便足以表明经济发展与经济理论之间特有关系的真正特性。

5. 魏克赛尔的新观念在瑞典的讨论

今天主张这种新理论的作家们把这一理论溯源于魏克赛尔。[①] 然而任何熟悉早期经济文献的人，都知道一百年前英国和其他各地关于货币问题的讨论，受到和近年相类似的经验所鼓舞，已经产生了很多的观念，魏克赛尔最后把它们综合成为连贯的货币理论。[②]

从魏克赛尔开始，科学发展分成若干条途径。长时期以来，瑞典经济学者始终单独地代表货币理论的新传统。几乎所有的瑞典经济学者都在魏克赛尔影响之下。最近数十年中，在《经济学杂志》中曾发生一场十分生动的货币问题的讨论，在这里，魏克赛尔本人占有重要的地位，一直到 1926 年他死时为止。多数瑞典经济

① 参阅上注中的著作；并参阅《利息是商品价格的调节者》(*Der Bankzins als Regulator der Warenpreise*)，见《国民经济学与统计年鉴》(*Jahrbücher für Nationalökonomie und Statistik*, *III Folge*)，1897 年第 13 卷，和《利率对价格的影响》(*The Influence of the Rate of Interest on Prices*)，见《经济季刊》(Economic Journal) 1907 年。魏克赛尔还在《经济学杂志》中发表过一系列有关货币的论文，但是这些都是瑞典文的。

② 魏克赛尔从未说自己有什么大的新创见，相反地，他煞费苦心地从旧时的讨论开始，特别是从李嘉图(Ricardo)关于黄金量、利率与价格水平之间的联系开始(见《利息与价格》第 4 页[第 24 页]和其他各处)。达卫·达卫逊后来又强调魏克赛尔理论和正统货币理论的联系。关于学说史的简述也可看哈耶克《价格与生产》(*Preise und Produktion*)1931 年维也纳版第一章(1933 年伦敦第二版)。

学者一致认为除了魏克赛尔以外，他的邬朴萨拉（Uppsala）大学的同学达卫·达卫逊（David Davidson）曾作出不仅最完全而且是最重要的贡献。在魏克赛尔著作和《经济学杂志》讨论的基础上，魏克赛尔的一位瑞典学生艾力克·林达尔（Erik Lindahl）近年在两卷有关货币政策目的和方法的著作[①]中，试图对魏克赛尔货币理论的某些部分作较为系统的阐述，可是，和在《经济学杂志》中的全部讨论一样，它只是在瑞典出版的。

6. 奥地利学派对魏克赛尔观念的采用

其后，奥地利学派某些理论家，特别是米塞斯（Mises）[②]和哈耶克[③]首先看到魏克赛尔创造性的观念的重要。与魏克赛尔建立联系的是奥地利人，这并不值得奇怪；魏克赛尔本人就是庞巴维克（Böhm-Bawerk）的学生，他叙述他的思想时，无论在形式上或在结构上，都是直接以奥地利人的思想习惯为基础的。

一经奥国人打破这一局面，魏克赛尔的观念便开始渗入关于货币和商业循环问题的许多德国著作中。较老的德国文献几乎没

① 《货币政策卷一》（*Penningpolitikens mal*），1929年隆德版；和《货币政策卷二》（*Penningpolitikens Medel*），1930年隆德版。

② 《货币及信用理论》（*Theorie des Geldes und der Umlaufsmittel*，1912年慕尼黑版，1924年第二版[Theory of Money and Oredit，1934年伦敦版]）和《稳定货币价值和商业政策》（*Geldwertstabilisierung und Konjunkturpolitik*），1928年耶拿版。

③ 《货币理论与商业循环》（*Geld theorie und Kunjunkturtheorie*，1929年维也纳版[Monetary Theory and the Trade Oycle]，1933年伦敦版）和《价格与生产》，1931年维也纳版。

有这种观念。魏克赛尔早年在德国发行的著作在德国几乎仍然不为人所知。一个明显的例子便是黑尔弗里克(Helfferich)的著作《货币》(*Das Geld*),魏克赛尔本人很看重这本书,虽然他着重指出它缺少对货币问题的理论叙述。魏克赛尔以可以理解的沮丧心情,在《经济学杂志》中发表的对这本书的卓越评论中说,黑尔弗里克在他的五十八页的货币文献目录中忽视了魏克赛尔的《利息与价格》,而他却具有典型的德国人求全的特点,把所有可能和不可能印行的无价值的东西都罗列进去了。

7. 盎格鲁-撒克逊人的发展

英国学派的理论家们对魏克赛尔关于这个问题的叙述只是迟迟才知道的。不仅马歇尔(Marshall),就是庇古(Pigou)和霍特里(Hawtrey)都好像不是真的熟悉魏克赛尔的著作。罗伯逊(D. H. Robertson)的重要的小册子《银行政策和价格水平》(*Banking Policy and Price Level*)[①]包含有很多新的观念,但是他对魏克赛尔和他的学生的有关货币的著作内容,也明显地缺少全面的了解。因此,他不得不作不必要的思索。凯恩斯(J. M. Keynes)的新的卓越的虽然并非完全清晰的著作《货币论》(*A Treatise on Money*)[②]完全受有魏克赛尔的影响。然而,凯恩斯的著作也受到一些可引人注意的盎格鲁-撒克逊类型不必要的标新立异的损失,这是由于多

① 1926年伦敦版。

② 1930年伦敦版。

数英国经济学者对德国语言的了解存在某些习惯上的隔阂的缘故。

其次，在美国，近代的观念能在通俗的著作如福斯特(Foster)和卡钦斯(Catchings)写给报馆的信中和在商业俚语中，而不是在自命为比较科学的出版物中发现。① 这里我主要指的是生产过剩和消费不足的学说、购买力不足的学说等等——部分是很通俗的。虽然这些学说，就它们的形式来看，很难经得起芝加哥和哈佛大学好的毕业生的透彻的批判，然而它们毕竟接触到了从魏克赛尔开始的现代现实主义，这种现实主义已经开始慢慢进入货币理论的领域，而且将代替老的数量说。

① 再次提请读者注意本书原版日期。这一判断当然只是用在危机以前的文献才是正确的。

第二章　魏克赛尔对货币理论问题的论述

1. 货币均衡理论与一般均衡理论

作为我以后分析的基础，我拟先简略叙述一下由魏克赛尔开始的新货币理论的一般理论背景。

所有关于正统派经济理论的有系统的论文，都有一个共同的特点，就是认为货币理论和价格的中心理论之间，没有内部联系和完整的结合；货币理论常常只是价格形成理论的一个联系得不很紧密的附属部分。各种中心的经济问题——根据古典的经济理论，就是生产、物物交换以及分配等问题——毫无例外地都被认为是交换价值问题，或者换句话说，都被认为是相对价格的问题。很明显，这样对待中心经济问题，会使它的基本论述完全脱离货币方面的考虑。

从历史观点来看，理论体系之所以这样截然分为两种不同的部分，当然是由于理论家在探索物品的“价值”时，常常把它理解为一种应该比单纯交换价值在意义上“更为深刻的”价值。至少在生产成本说被新古典学派的边际效用说所代替之后，在上述“更深刻的”意义上，货币就不再被认为有任何独立的“价值”了。货币的

“价值”只不过是中介物，而且只是从它对物品和劳务的购买力而获得的。

因此，商品和劳务的“价值”——在“更深刻的”意义上——和它们用货币单位表示的偶然价格之间必然没有关系。因此，对于这种抛开货币现象的“价值”进行科学研究是可能的；而且它还不能不离开货币和货币价格来研究。“货币只是一块面纱”这句话一再被人提到；这块面纱必须揭开，使它不致掩盖隐藏在它背后的各种关系。

甚至有些理论家像瓦尔拉(Walras)和他的一些学生——卡赛尔、帕勒托(Pareto)和费希尔，在他们的理论思考中看不出他们的乐观形而上学的背景——也煞费苦心地在价格形成理论的本体与货币理论之间划出了一条显明而清晰的界线。甚至他们还把价格理论的本体放在相对交换价值研究的基础上，结果他们便忽略了货币上的考虑，或者把它当作一种错综复杂的现象留到以后才来讨论。

2. 两种理论完整结合的不可能

因此，由经济思想史的观点来看，这就是价格形成的中心理论和货币理论分离开来的方法的解释。假如我们把相对价格的均衡理论看作是用来解释经济现实的一种尝试，则这种理论显然是不完全的——这是一切均衡理论家都已看到的一个事实。还缺少一个方程式，就是决定倍数因素(multiplicative factor)的方程式，利用这个方程式，均衡理论的相对价格便可能转换成为绝对的货币价格。因此，货币理论的任务就是要设法补充这个缺少的方程式。

传统的货币理论是前面已经讲述过的货币数量说，它就是这样和价格形成的中心理论合并在一起的。这一理论——顺便提一句，它较均衡理论本身还要早得多——它假定货币总量——或者更一般地说是支付手段——和"一般价格水平"两者之间存在着某种数量关系。然而数量说必须进一步证明这两者之间有某种因果关系：如其他条件不变，则价格水平是决定于支付手段的总量的。因为如其不然，则数量说便不能弥补价格理论中所缺少的连锁。倍数因素（在数量说中即是"价格水平"）必须被视为是支付手段总量的函数，而支付手段的总量又必须决定于"价格水平"以外的其他因素。这种因果关系必须是由支付手段总量走向价格水平的。

在继续谈下去之前，我拟再提出一点应注意的地方。要把这种货币理论与一般价格理论更紧密地结合起来，当然，先得假定货币是能够和其他货物同等看待并且是能够插入到价格形成的体系之中的东西；如仍然把货币和货币数量作为货币理论的主要项目来解释的话，这种紧密结合在逻辑上就没有可能。因为此时这两种理论是建立在完全不同的解释原则之上的。货币是不能作为价格形成体系中的一种物品来看待的，物品的交换关系是以供求概念来分析的。如果把这种概念引用在货币上，便会失掉它的理论上的正确性。因为前面已经强调过，货币不像其他物品一样，它不能离开货币和商品的流转过程，而其他物品则是在确定的生产或消费的目的之下来买卖的。货币总是停留在流通过程中，而物品和劳务则只是在流通过程中经过一下而已。这种对立的情况，在边际效用理论中表现得很明显：货币的"主观效用"只是由它对其他商品的购买力而获得的；换句话说，它的“主观价值”是直接由它的交换价值决定的；而对其他一切商品来说，则恰恰相反的解释才是正确的。①

3. 圆满协调的困难

但是，假如数量说与中心价格理论的真正结合是不可能的话，那么，至少这两种理论是不是可能做简单的调和呢？很明显，古典的经济理论家们在一开始就想这样做。但这种调和却也有很大的困难。只要企图发展数量说，使它不仅是一个简单的套语时，这种困难立即会出现。的确，数量说之所以必须做这样的发展，只是由于它所处理的现象是异常明显非常重要的。货币理论比之相对价格的一般均衡理论，必须和实际问题经常保持更加密切的接触；后者由于它的高度抽象性，可以较容易地避免这种接触。

我不能以过多的时间来谈关于数量说的论战，因为关于它的争论已经延续了一个世纪以上的时间。争论的结果只是使简单而明确的公式变得越来越复杂同时也越相对了。现在每个人都知道，纵使把信用也包括在支付手段的总量之内，这种支付手段总量和“价格水平”之间仍然没有简单关系存在，因为支付手段的流转速度（物品的流转速度亦然）在动态过程中是不能被认为是固定不变的。而且，每个人都看得出在数量说的方程式中，“价格水平”的

① 参阅魏克赛尔：《货币理论的缺点》（Den dunkla punkten i penningteorien），载瑞典《经济学杂志》，1903 年，第 487 页；《讲演录》，第 28 页［第 26 页］，《利息与价格》，第 17、21、27 页［第 18—19、23、29—30 页］。

表述是相当的奇特的，因为其中还包括“纯粹金钱权力”(purely pecuniary right)的“价格”。数量说存在着缺点还有很多其他的理由，例如，不可能用“总销售量”作为权衡灵敏的和相关的物价指数的原则。数量说中的“价格水平”也不能这样解释使它能作为相对价格理论中为了确定起见所需要的倍数因素。

然而，给予“价格水平”概念以另一种意义，使其更有助于价格形成过程的分析，是完全可能的。特别是英国剑桥学派的理论家在这个问题上做了他们的工作，这是大家都知道的。但是在数量方程式中，对价格水平作这样修正的话，“支付手段总量”便将失去具体内容。假如一个人还没有被说服以前，则剑桥学派在这方面的尝试，只能证明 p 和支付手段总量间关系的确定性是消失了，如果把数量方程式中的 p 理解为真正正确和具体的物价水平的话。

再者，现在一般都承认：支付手段总量和“价格水平”之间的错综复杂的数量关系，并不能说是支付手段总量决定价格水平而不是相反的。银行家和“支付手段总量”保持最密切的接触，他们常常认为这种因果关系是相反的，支付手段只是顺从地反映经济生活对交换手段的需要，同时也可以说对支付手段的需求本身取决于价格水平的高度和它的变动趋势。

在这样说的时候，银行家常常只是希望自己能摆脱事态真实过程中所负的责任，而有时他们用这种说法来作为逻辑上错误的论证的一部分。但他们否认由支付手段总量到“价格水平”这种“单方向”的因果关系，这在某种程度上却是正确的。因为价格水平的变动与支付手段总量的变动都是同时依赖于支付机构本身以外的因素。由于，我们已经说过，支付手段总量及其交换价值——

等于价格水平的倒数值——不能够毫无困难地被插入相对价格的均衡理论中，所以在数量说的基础上，对这些基本因素还没有达到满意的分析。因此，数量说仍然是一种肤浅而不确定的货币理论。

4. 处理信用的结果

所有这些和其他更多的来西，都是久为大家所熟悉的，谨慎的数量说学者们都承认这一点。然而在没有更完善的理论之前，数量说公式业已被用来解决了一些实际问题，因为这些问题是不能够等待更完善的理论发展之后才来解决的。这样做是绝对正确的。甚至还可以说，通过从货币问题与价格形成中心问题的这种分离中产生的数量说，来做这种肤浅的研究，对于货币理论倒有一些好处。货币理论最少可因此避免客观与主观、个人与社会、边际与总量、效用与价值等等难解的紊乱，而这些紊乱最后是会使价格形成中心理论衰退的。

但是从价格形成的中心理论的观点来看，则正如前面已谈到的，数量说没有完成它所面临的任务。它不能提供这个理论所需要的倍数因素，使相对价格可转换为绝对价格。因之，根据逻辑的必然性，价格理论仍然是极端抽象和不真实的。

一般均衡理论所解释的价格是指当时刹那间的情况。因之，如要把用货币单位表示的定期契约，例如信用契约，满意地结合到价格形成的中心理论中去，似乎是不可能的。不能使信用结合到价格形成理论中去，自然是更可遗憾的事，因为信用形成全部支付手段中的主要部分——或者最少它是决定流通速度的，如果只有铸币和纸币才算是支付手段的话。

因此，信用问题便必须被摈除在价格形成理论之外，而整个地被留给货币理论了。但甚至货币理论（数量说）也没有对信用做满意的讨论；因为信用不仅是价格水平的原因要素，同时也是价格关系的原因要素，这种价格关系部分地决定于企业的获利率，因此也就决定于信用的供求价格。所以，信用问题需要一种真正能与中心经济理论结合的货币理论，但在这点上数量说却不是这样。结果传统的经济理论仅赋予信用以辅助的任务，并给予它以理论上不一致的论述。

这一信用问题的例子只是选来作为货币理论和价格形成中心理论分离所产生的不幸结果的典型事例罢了。

5. 分析商业循环的结果

经济理论家自然不是单纯的逻辑上的机器人，所以他们运用相对价格的中心均衡理论来讨论实际的问题，虽然这些问题必须涉及的是绝对价格而不是相对价格。在相对价格与绝对价格之间的区别不甚相干的地方，上述的困难并不致损害他们分析的结果。但效果常常是很不好的，特别是在有时间因素和有商业循环现象发生作用的地方更为显著。

我只拟指出一个例子。大家都知道，相对价格的均衡理论中包含着这样一个定理：任何一种商品的供给本身即是对其他一切商品的需求。因此根据这个论点来推论，普遍的生产过剩是不可能的。这个定理是由最老的古典理论那里得来的，其本身即是我们刚才讨论的分离前提的一部分，它常常使经济理论家忽视伴随实际问题而发生的困难。如果他们真的正视这些困难，并谨慎地分析商业循环，他们就会不再使用他们所惨淡经营的相对价格理论了。因此，比较重视经验的经济学家常常能够得意扬扬地说，理论家一接触到实际问题，尤其接触到商业循环问题时，他们的理论可以说毫无用处。

有些人则从数量说来研究这些问题。他们研究的结果，由于另一理由易于被谴责为肤浅和空洞。数量说过分强调一般价格水平的变动，这就容易受到了批评，因为每一个商人都知道没有完全一致的价格水平这样的东西的存在。相反地，他晓得在价格水平中价格关系变动的重要性。

而且，从数量说的观点来讨论商业循环的问题，常常会低估生产、消费以及储蓄变动的重要性，或者最少也会引出这样一种分析，以为这些范围内的变动好像是由价格水平的主要变动所引起的。这点在理论上也是不适当的，因为，这些变动常常是在价格和价格水平变动之先，所以不能把它们看作是由后者所引起的。再者，数量说的学者们似乎易于把信用和信用政策二者之间的关系想象得太简单太直接，特别是一方面是银行利率另一方面是价格水平及商业循环的变动之间的关系。

总之，由于价格形成理论和货币理论之间缺乏合理的调和，使理论家们在处理商业循环上不得不十分肤浅。不论他们是从价格形成的一般均衡理论出发，或是从货币理论出发，或者如现在更常见到的，他们由于这些困难把经济理论放到一边，而用第三种观点，从所观察的事实中归纳成若干十分肤浅的通则，形成一种“商业循环理论”与价格和货币理论并列，这都是没有关系的。当所有这些可能的途径越来越明显地被证明为不能令人满意时，人们便转向第四条途径，就是根据一大堆在理论上不协调而且被公认为不满意的假设，来整理统计观察所得的材料。这第四种处理这个问题的特别奇特的方法，近来由米契尔(W. C. Mitchell)①加以发展，但仍保留着旧的形态。但是这种方法也是肤浅的，虽然其意义不同。其所以肤浅，和各种折中派的集合理论一样，是由于缺少逻辑的分析；而只有这种逻辑的分析，才能使一些不如此就显得互相矛盾或至少互不关联的理论要素结合在一起。

6. 魏克赛尔的“全部财货”供求理论

魏克赛尔在九十年代中开始研究货币理论，其研究结果在1898年以《利息与价格》一题发表。当他开始研究时，可能也碰到很多我们所曾简略指出的困难和考虑。当他开始研究时，他主要的兴趣是在于有关复本位币制的争论。但是由于正在这个时候，一般价格运动改变了它的方向，魏克赛尔对实用观点失去兴趣，他转而对中心理论问题作逐步深入的研究。

他很快就和传统的数量说发生冲突。魏克赛尔对于实际政治问题是很激进的，但对于科学问题却非常保守。② 他整个的人生

① 参阅《商业循环，问题及其调整》(*Business Oycles, the Problem and its Setting*)，1927年纽约版。

② 参阅隆德大学政治经济学讲座魏克赛尔的承继人萨马林(Emil Sommarin)的论文《魏克赛尔的生平及其著作》(*Das Lebenswerk von Knut Wicksell*)，载于德文《国民经济杂志》(Zeitschrift für Nationalökonomie)，1930年第2卷第2期。

观是和英国古典的功利主义完全一致的。他最初学习约翰·穆勒的《经济学原理》,这部书是紧密遵循英国的传统的。因此,魏克赛尔常常对老的数量说有相当的尊重。他把他自己的理论看作是数量说和价格形成的中心理论之间的纽带。[①] 在第五章的开头和结论中,我将要研究这种说法的正确程度和意义。

魏克赛尔阐述这个问题的基本观念,是不容易用少数几句话来说清楚的。在《利息与价格》一书中,他的阐述曾一再地被他对旧货币理论的批判性的讨论所打断。他自己的理论是在很抽象和人为的假设下来阐述的,甚至还免不了逻辑上的错误。在《讲演录》中,他的阐述比较直接而实在,但却很简短,不如初期著作那样深透。在后面我将不谈魏克赛尔在阐述上和理论精确性上的这些缺点,以便对他的主要论点能得到较好的概念。我打算从魏克赛尔的只是在偶然情形下作出的某些说明开始,但这些说明我认为正包含着他的理论的中心思想。为了要更明晰更完全地了解他的思想体系,我将增加一些推论,然而这些推论是魏克赛尔的学生林达尔在前引书中最先明确提出的。

魏克赛尔的论述大致如下:[②]分析一种商品价格形成的普通方法是先把其中复杂原因分为两个范畴:供给与需求。假如一种商品价格上涨,我们说这是由于需求增加或供给减少的结果,在这种情形下,均衡只能在较高的价格水平上达到。然后,我们再研究其需求增加或供给减少的原因。假如现在全部价格(物价水平)都

① 《讲演录》,第 v 页[英文版中未包括德文版第二卷魏克赛尔的序言]。

② 《讲演录》,第 180、191 页[第 159、168 页]。

上涨，这种现象也一定可用同样方法来解释；这一定可能说全部商品的需求都增加，或是全部商品的供给都减少。

魏克赛尔很了解如果从传统的均衡理论观点来看，这样看问题的方法是何等奇特的。因为依照这种理论，一种商品的供给同时即是对全部其他商品的需求；全部商品供求之间均衡的扰乱是不能想象的。而且，魏克赛尔的奇论却正是那些生产过剩和消费不足理论的中心问题，古典经济学者认为驳斥这些理论乃是他们特有的职责。因之魏克赛尔同时做了含糊的保留，说古典经济学者“基本上”是对的。但事实上全部商品在供求上有可能改变它们相互之间的关系。而魏克赛尔甚至对他的主张作了一个特别坚决的说明：“因此，任何货币的价值理论，如真的要使它成为理论，必须能够指出怎样和为什么对商品的货币或金钱需求能够在既定的环境下超过商品的供给，或是相反的少于商品的供给。”根据魏克赛尔的看法，[①]数量说的追随者并没有很好地注意这个问题。

7. 储蓄、消费需求、投资、消费品的生产

“全部商品额的供给和需求”这一观念的确切内容又是什么呢？魏克赛尔总没有说清他指的是否只是消费品，但林达尔在这点上和在某些别的方面却对魏克赛尔的思想给以更一致的解释。对全部消费品的需求很明显地即是以货币计算的国民总收入中未被储蓄的那一部分。全部消费品的供给也很明显地等于全部社会

① 《讲演录》，第181页[第160页]。

产品减或加存货的变动并减去耐久性实际资本的(新)投资。这样,魏克赛尔所可能建议的方程式即由林达尔替他明白地说出来了:

国民总收入中未被储蓄的部分经常等于出售的消费品数量乘以它们的价格水平。[①]

在不存在储蓄的静态条件下,这个方程式只是价格形成方程式体系的一个简约表述而已,即是说全部收入购买全部社会产品。这里面已经包含了这个意义,即这个方程式所代表的对这个问题的说明,使得货币理论与价格形成理论的联系有可能较之数量说与价格形成的联系密切一些。

现在"价格水平"一语,也有了较清晰的意义。假如有人要把这个方程式引用于某种动态情况,他自然必须把收入分为储蓄和消费需求,并同样把生产分为实际资本的投资和消费品的生产。把这四个数量组合起来,便可得到魏克赛尔对货币理论问题的新说明。

基本的观念是这样的,除了在静态均衡情况下,不能假定消费品供求之间完全一致。这个命题对于一般纯朴的人来说也是很明显的,因为商品的购买和出售是由完全不同的各个人所决定的。同样,也不能假定资本的需求(投资)和资本的供给(储蓄)完全一致;因为它们也是由不同个人的集团所发动的。在这些情况下,如把供求看作完全一致,而不是看作在一定条件下相等,则会包含一种极不正确和很抽象的均衡概念。

① 参阅林达尔《货币政策卷二》,第12页以后。

8. 利息的"货币率"与"自然率"

下一个问题是：我们如何才能制定一个假设性的原则，用来说明全部消费品供求关系的变动，或者更正确地说，用来说明储蓄与消费、投资与消费品生产之间关系的改变。

以上各节的考虑，包含着魏克赛尔的思想线索，这种思想线索能够在他的著作中发现，其中部分只是含蓄不明显的。但对这第二问题的解答，却可以很明显地看出来。魏克赛尔在这里用利息率作为解释的中心原则。利息率很明显必然是这个问题的中心重要部分，因为在某种情况下，它体现了在两个不同时点上的一般商品的交换关系。

货币利息率作为一种价格，是和其他各种价格不同的，因为它只能表现为价格比率，不仅在抽象理论上是这样，在实际生活中亦是如此。它不能有绝对的货币价格形式，因为通过它来买卖的对象已经是以货币来表示的了。在信用市场中，货币利息等于在一单位时期内支配一单位资本的成本。

在中心价格理论方面——魏克赛尔是庞巴维克的学生——这样解释的货币利率是相当于迂回生产过程中的物质边际生产率（即"自然的"或"真实的"利率）。魏克赛尔问，假如货币和信用市场中所决定的这个价格——即将来物品与现在物品之间的价格比率——使货币利率与价格形成中心理论中的"自然的"或"真实的"利率不一致时，将会发生什么样的现象呢？

在研究这个问题时，魏克赛尔解决了作为储蓄和消费、投资与消费品生产现象基础的原因要素问题。在这方面，用林达尔恰当的说法，魏克赛尔已把货币理论的主要着重点，由旧数量说中支付机构的肤浅水平转移到价格形成本体的较深刻的水平上去了。

9. 积累过程与生产方向的改变

在下一章内我将讨论“自然”利率与货币利率一致的意义，并讨论在何种意义下，这样的一致才能真正带来货币均衡。但在讨论之前，我得先简单叙述一下积累过程的理论，照魏克赛尔的意见，积累过程是当这种一致不存在时发生的。再者，我不只是参考魏克赛尔的著作，同时还参考以后在瑞典讨论的结果对魏克赛尔理论的补充部分。我特别参考林达尔的《货币政策卷二》，这本书在它的瑞典讨论结果的摘要中，对于叙述魏克赛尔积累过程的深透和清晰的分析，有很大的贡献。

我们从假定货币利率和“自然”利率完全一致开始——它的意义是什么，暂时不谈。根据魏克赛尔的说法，货币因素此时对于物价是“中立”的。更进一步，我们再假定在这以后利率即发生分歧，或是由于货币率的下跌，或是按照魏克赛尔的说法，更可能的是“自然”利率本身上升。

这样，立即发生的结果是现有实际资本的资本价值上升。因为资本价值等于未来的毛收益减去总业务费用的贴现总值。信用的低廉并不会降低企业家的预期价格，而相反地还会提高它。然而这个假定并不是这个结论所必需的，这一结论是以这样的事实为基础，即在其他情况不变的条件下，货币利息率的降低即意味着贴现率的降低，而这种贴现率是在把实际资本的预期的未来收益综合在一起以形成资本价值时所必须用到的。当企业家开始预计未来价格上涨，认为即使货币利率不会提高，它也迟早一定会上升时，积累过程便会一帆风顺，越来越快。

资本货物的寿命越大，资本价值的增加也越大，因为此时它代表根据现在较低的货币利率计算的更加遥远的未来收益。资本价值的增加只是表明更长更迂回的生产过程有较大利润的可能性，这些都是紧随着较低的货币利率而来的。这种获得特殊利润的机会越大，迂回的生产过程也越长。企业家将利用这种获利的机会，其方法是在相当范围内改变他们活动的方向，由消费品的生产改变为实际资本货物的生产，因为现在实际资本的生产是较为有利的。而且，在每种生产中，他们也将会使用更多的资本主义的方法。由于这种过程，如当一开始就没有未被利用的生产要素时，那么，在相当范围内，生产要素将会由消费品生产转移至资本货物的生产；如开始时存在这样未被利用的生产要素，那么，这些未被利用的生产要素就会尽先被利用到资本货物的生产中来，而不一定减少消费品的生产。

只要货币利率和“自然率”发生差异而促使资本价值增大，这样发生的生产方向的移转是保持积累继续进行的主要的和必需的变动。

10. 价格提高与收入增加的积累影响

假如生产要素的价格与收入不增加的话，它们的这种移转是不可能的。但企业家由于上述获得高利的可能性,他们能够支付较高的价格。所以国民总收入有所增加。生产要素由消费品生产中转移出来以后,这类物品的产量也会减少。根据上面第7节所叙述的方程式,消费品价格上升的趋势将由这两种变动所引起——或者只由其中之一所引起,如实际资本的生产尽管增加,而消费品的生产并不减少的话——因为收入增加会引起消费需求的上升。

消费品价格上升后,资本价值也就会很快随之再增加,因为消费品价格的增加,必然使企业家的预期价格变得更乐观。假如我们现在假定企业家从每个新时期开始,都继续预计未来的消费品价格和现在一样,那么,资本价值的增加率将和消费品价格增加率大体是相称的。由于对使用的生产要素要支付较高的价格,资本价值的最初增加,在相当范围内,会遭受到抵消的作用。但是由较高收入所引起的消费品需求的增加,使资本价值和获利机会有新的增加,这种新增加将使这一过程继续下去。企业家受了这样的刺激,因而开始较长的生产过程,同时生产的方向和方法、收入、消费品的相对供求、消费品的价格,以及最后资本价值等等也会再次受到同样的影响。

如同魏克赛尔自己说过的一样,这种过程是积累的;只要"自然利率"和货币利率存在差别,它是不会停止的。在这里有各种"价格水平"的竞赛:实际资本的价格、生产要素的价格以及消费品的价格。在这一理论中,它们之间不仅有某种因果关系,同时它们在运动中还有一定的先后次序。只要利率之间存在着正的差额,资本货物总是领先的,即使单一的消费品,或许更多一些,单一的生产要素，特别是生产实际资本所需用的原料的价格超过比例而提高时，也是如此。假如资本价值不是领先，则“自然利率”就不能超过货币利率。

负的差额有相应的但是相反的影响。

我在这里只是要说明魏克赛尔过程的概略。如作比较实际的叙述，自然必须考虑到信用市场中各种不同货币利率的存在，同时还要进一步考虑到来自利率管制条例以外的各种信用限制和各种差别待遇的存在。企业的未充分利用的能力，以及在过程的某些阶段中未使用的生产要素（失业），工资和价格体系的惰性等等，自然都必须加以考虑。这种积累过程的详尽分析是由魏克赛尔开始，又由瑞典学派中的林达尔和其他学者继续研究的。

第三章 货币均衡的概念

1. 魏克赛尔在理论模型上的保留

从前述可以看到，魏克赛尔的积累过程是一种在这一或另一方向脱离货币均衡的动态偏差。

为什么银行组织迟早要用改变获得信用的条件来停止这样的过程，魏克赛尔对此有所说明。在魏克赛尔的理论模型中，银行组织的反应是采取与“自然利率”相应地改变货币利率的形式。这样做，一般的可以引起同一类型但是方向相反的过程。运用这种模型，魏克赛尔能够描述全部商业循环的理论。这样做，他当然能考虑到很多情况，否则，要将这些情况形成“货币”商业循环理论是有困难的：如复苏阶段（upswing）的特点是实际资本的广泛投资，和一般地经过生产过程的改变，使资本主义强度更为提高；资本价值和生产资本货物所需要的原料的价格先于消费品价格而变动，等等。由于把一般价格水平不当作是一个纯一的量，而当作是各种不同物品的不同价格水平的合成体，同时由于对生产本身的变化作了正确的分析，因此他能避免明显的肤浅，否则这种明显的肤浅是用价格水平涨落作为原因要素的简单货币商业循环理论的特点。

魏克赛尔也十分谨慎地着重指出他无意用他的货币理论来对

商业循环给予全面的解释。相反地，魏克赛尔认为商业循环的主要原因是引起自然利率的变动的技术变革。不能把货币利率调整得和它相适应，自然便迫使这一情况成为商业循环。①

2. 含蓄的批判方法

魏克赛尔的理论显然是支持货币均衡的概念。因为这个理论的主要内容是：如果体系失去均衡，魏克赛尔式的积累过程就会在这一方向或在另一方向开始。任何根据魏克赛尔计划的分析，都必须先了解某一价格情况是否即是一种货币均衡的形势，假如不是，就必须先了解这种情况是在均衡的哪一边的。因此，货币均衡的概念在全部魏克赛尔货币理论中占有极重要的地位，弄清这一特殊说明的内容，是本书的任务。

林达尔在上面常常提到的《货币政策卷二》一书中，试图摆脱货币均衡的概念，甚至在这点上他还批评了魏克赛尔。我也发现魏克赛尔的货币均衡的概念很不清晰而且部分是错误的，在这种地方，我同意林达尔的说法，虽然我的理由基本上与林达尔不同。但是用一个更清晰的和在理论上更好的概念来代替货币均衡的观念，对我来说是最为迫切的任务。因为我以为均衡概念是任何依据魏克赛尔计划所作的货币分析的必需的部分。②

---

① 参阅本书第八章第 3 节。

② 我曾在这点上批评林达尔，发表在瑞典发行的 1931 年第 5、6 两期的《经济学杂志》中，题为《货币学说论文集》。我在那里试图证明不仅他反对货币均衡观念的特有论点是错误的，而且他自己对魏克赛尔积累过程理论所作的修正的极有价值的积极

我的分析将是属于含蓄的性质，因为一开始我要接受魏克赛尔货币理论的根本特点，并在假定他的说明基本上是正确的这一前提下来发展我自己的论据。我们将会发现魏克赛尔的说明在某些方面是需要修正的。

我在分析上所以选择含蓄的方法，而在陈述我自己的研究结果时，只作为魏克赛尔理论的发展，而不根据正面理论原则将我的说明加以更直接和更有系统的安排，其理由首先是：我相信特别在经济理论的目前情况下，我们应当从老一辈的经济学家中清楚地追查传统的路线——正面的和反面的——以使我们的文献不致陷入不必要的混乱里。其次，我希望这种陈述的方式可以对外国读者是有利的，同时也希望我能把魏克赛尔的思想，比之前一章所作的简短的——必然也是肤浅的——考察，表达得更为清楚一些。我认为这是有益的工作，即使我自己的正面分析比之不这样做会更难懂一些。因为很明显，国外对魏克赛尔的兴趣在不断增加着。自然，很少外国经济学者能读瑞典文；而且正如哈耶克所指出的那样，魏克赛尔两部著作的德文译本是有很多缺点的。

另一方面，可遗憾的是我必须放弃外国文献中所有的批判和系统的引述。否则就需要有很多离题的话，由于我所能使用的篇

贡献，就暗含有货币均衡的观念。他企图使他自己从这种观念中摆脱出来，反而使他自己的理论分析在某些方面丧失本来可以具有的清晰性。货币均衡的观念只是在论点的表面上被排斥，但仍是他从他的老师那里学到的全部理论结构的基础。我承认不带有这样讨厌的均衡假设的另一种货币理论结构是可能的或者是必要的。在方法上没有人能够比本文作者更宽宏大量了。然而，只要我们在魏克赛尔的基础上做研究工作，我们便不能逃脱均衡的观念。

幅有限，我不能这样做。[①] 我希望人们原谅我未能满足那些有根据的对文献的需要，因为由于所述的理由，我主要是要讨论魏克赛尔本人的、就全部现代货币理论来说是基本的理论。然而，我希望以后在另一方面用一种批判来补足现有的正面陈述，特别是对凯恩斯和哈耶克的批判，他们的著作在本质上是最接近于我的。

3. 货币分析中的预期

以后的分析，主要目的是使货币体系中含有预期。对凯恩斯和哈耶克的批评，必须从指出这一事实开始，即是他们的理论体系中，没有不确定因素和预期二者的地位。在凯恩斯的著作中，这是很明显的：在他的理论部分中，凯恩斯运用"利润"这一概念，他追随克拉克（J. B. Clark）之后把"利润"很简单地解释为"意外的收入"（windfalls），那就是完全没有预料到的多余所得。"所得"只是简单地解释为生产手段的报酬（"生产成本"）。在这个观念体系中，显然没有风险和预期的地位，没有资本增益和资本损失的地位，也没有实际资本价值的预期增加或预期减少的有用表述的地位。我认为这就是凯恩斯的"投资"和"储蓄"观念之所以模糊和矛盾以及他的全部均衡体系之所以不能令人满意的理由。我们在这里也找到了解释：为什么他的"自然利率"和一般迂回生产过程的获利率的论述被放在他的理论讨论的偏僻角落里，而只是用若干

① 这篇论文的德文版出现在哈耶克收集的《货币理论论文集》中。读者应注意次一节对凯恩斯和哈耶克的评论，是在 1932 年春写的；对凯恩斯的评论只是参考他的《货币论》。

十分含糊不清的暗示去代替它。凯恩斯得出了许多实际结论，这是他的直观才能一个很好的证明，这些结论在很多方面比他的关于中心理论问题的不完全的论述要好得多。

哈耶克的著作和凯恩斯相比较，它的优点是对迂回生产过程因而也对获利率问题有较深刻的分析。但是哈耶克的分析只是静态的或是半静态的，我不能看出在他的体系中他如何能安排风险和不确定的因素，因为他的体系受到十分抽象的假设的束缚，而这些假设又不是可以轻易去除的。凯恩斯的分析针对比较一般的情况，而哈耶克则把他的全面的分析——依照奥地利的传统——导向一种抽象的情况，在这里预期被假设排斥了，而这些假设对全部分析来说是根本的。

因此，我不得不对凯恩斯和哈耶克提出的主要反对意见，基本上是相同的，虽然是由于很不相同的理由：他们对于问题的理论说明，没有适当考虑变动要素和与风险密切相连的未来变化的预期。这一反对意见是有决定意义的，因为——凯恩斯在他的著作的应用部分也多次提到，虽然在问题的理论说明中没有这样说——全部货币问题决定于预期这一因素。

4. 货币均衡的标准

为了弄清魏克赛尔货币理论中的均衡观念，我再次提请注意这一事实，即积累过程被解释为离开均衡的形势。过程的基本特点是生产方向的移动，当动态过程是上升方向时，这种移动是实际资本生产的增加，假如过程是向下的趋势，则这种移动是实际资本生产的减少。生产方向的移动是必不可少的条件。林达尔——他与魏克赛尔不同，魏克赛尔在这点上特别模糊——证明得很好，[①]以为假如这种生产方向的移动不发生，过程是根本不能出现的。

生产变动本身的开始和继续是由于货币利率从正的方向或是从负的方向离开了自然利率，这是货币失去均衡的标志。这一差异使企业家在向上运动中用扩大生产或创办新生产的办法——也就是用投资的办法——得到我以后所称为“投资得益”的东西。但在向下运动中，假如他们扩大生产或创办新的建设，他们就会实现“投资亏损”，这就是他们在这种情形下放弃投资的理由。积累过程就是这样从这一方向或是从另一方向发生的，储蓄或是落后于或是超过实际投资，而价格则将被迫缓步上涨或下降。假如现在实际投资不再带来特殊利益或亏损，这即是说，假如均衡条件已经满足，这一过程就会停止，但不是在先停止的。

因此，这就是魏克赛尔这一“理想”结构中货币均衡标准的任务：任一方向背离都会发生积累过程，这一过程，如同魏克赛尔所指出的，一直到货币均衡条件在某些情况下已经恢复以前不会停止。这个过程开始或继续，是因为某种现实情况不能满足均衡条件。因此均衡观念是依照魏克赛尔计划进行的任何分析的必要部分。因为与均衡条件有关的现实情况的地位，是决定性的基准，这种基准是应靠观察来达到的，但在抽象的论证上，观察被假设所代替了。

① 参阅《货币政策卷二》，第35页注3。

5. 货币均衡与一般均衡的区别

严密关联某种真实的和假设的价格情况来阐述的这种货币均衡，和在价格形成静态分析中完全一般的价格均衡的条件，是没有共同性质的。魏克赛尔着重指出了这点。[①]

只研究相对价格的静态分析，是假定背离均衡形势以后，会带来相反的力量，使均衡再度恢复。价格形成的全部分析是在这种一般计划范围内发展的，在这一分析中，有人甚至把均衡形势看作是一种目的，发展的趋势或多或少地直接趋向这个目的。在这种价格分析中，均衡被认为具有某种"实际上的现实性"（virtual reality），类似涟漪起伏的水面，这一水平面是稳定的，虽然只是就一种趋势来说。在货币计划中，这种关系正好相反：背离均衡的形势一经发生——魏克赛尔着重地说，不论它是如何小[②]——动态发展便开始，在这一进程中，均衡很确定地是被放弃了。由于这一理由，这种运动被称为积累性的。货币均衡有易变的性质，而不像在一般价格理论中是稳定的——继续以理论物理学来类比，均衡这一概念也是从物理学借来的。因此货币均衡形势并不是一种趋势，而正是相反。均衡形势是体系的一种状态，假如要使这种体系不致发生波动，就必须不断地抵消各种主要有关变动的影响，以支持这种状态。[③]

---

① 《利息与价格》，第 92、93 页[第 100、101 页]和其他地方。

② 同上书，第 92、111 页[第 100、120－121 页]和其他地方。

③ 这是魏克赛尔的意见，在第七章中将指出很多趋向抵消货币均衡的易变性的因素。

再次，货币均衡条件只稳定某些特殊价格关系（这些特殊关系在以下分析中我将较详细地加以说明），如其不然，它就允许有任何的变动。只要这些货币均衡关系得到满足，相对价格就能变动，因而“价格水平”及其他的东西也能变动——我们在后面将看到这点。事实上，如果特殊关系，不论主要变动如何，要保持均衡状态，非特殊关系必须经过调整性的变动。正如凯恩斯一再着重指出的，在变动的世界中，要稳定一切东西是不能想象的。的确，人们很难想象有一个以上的保持稳定的点；一切其他的东西在主要变动的面前都不得不调整自己使适合于这样规定的稳定条件。

在货币理论中，这一固定点现在是这样选择的，当脱离它时，货币理论中所分析的那种自动加速过程便会发生。当生产方向改变时，这一过程便会有所发展。

必须记住，货币均衡与一般均衡的这两种决定性的区别——就是前者根本不能认为是一种趋势，它也不能使全部体系都固定下来。货币均衡的观念和积累过程的观念，不能用揭露一般价格形成理论中均衡观念的缺点的办法来加以批评。

6. 魏克赛尔的三个均衡条件

现在的问题是：我们如何来决定这个货币均衡的形势？什么是特殊均衡关系？

众所周知，魏克赛尔是以指定能够实现货币均衡的“货币利率”的水平，来说明均衡形势的。这个均衡利率魏克赛尔称之为“正常利率”，并参考价格形成三个不同范围的量来决定它。

(1)迂回生产过程的生产率；

(2)资本市场的情况；

(3)商品市场的情况。

依照魏克赛尔的意见，现在“正常利率”必须(1)等于实际资本的边际技术生产率(即“真实的”或“自然的”利率)；(2)使储蓄的供求相等；最后，(3)保证一个稳定的价格水平，主要是消费品价格水平。[①]

魏克赛尔臆断这三个正常利率的标准是相等的——即是相互间不会不一致的；但他不能证明它。在这个目的上，他的说明实在太松弛了，而且是矛盾的。在后面我将证明它们是不能完全一致的：只有第一个和第二个均衡条件是恰好一致的；它们相互间的关系是这样：第一个条件是以第二个条件为前提的，如不这样，则第一个条件就不能确定。这二者和全部理论中所包含的主要论据是一致的。但这只有它们在主要论点上经过修正和经过正确说明以后才是这样。然而，关于商品市场，这两个货币均衡的关系的实现，与不变的价格水平是截然不同的事情。

7. 把“静态”作为分析的起点的危险

以后三章我将批判地一个接着一个地讨论魏克赛尔的三个均

① 魏克赛尔的术语往往是不清楚的。然而，在这里我们要保持他的著作中的基本思想，而称生产率关系为“自然利率”，同时“正常利率”主要是指贷款利率，即是和“自然率”一致的，或是使资本市场实现均衡的，或是能保证一个稳定的价格水平的一种利率——这里可能有含糊不清之处。

衡标准。然而，作为一个引论，我要提请注意魏克赛尔以及我所知道的他的所有学生所使用的特殊方法，他们用这种方法成功地把这些基本均衡条件含糊不清地遗留下来，而且成功地掩盖住这些含糊不清之点。这个方法在于常常选择一个“静态的经济情况”作为抽象论证的起点。

在一般“静态”经济中，魏克赛尔的三个货币均衡的条件自然是容易说明的，并且，根据假设，它们全都是满足的。这点同样适用于其他均衡条件的说明：例如，在凯恩斯的著作中，生产成本与产品价格的一致，以及使企业家（假如可以自由选择的话）愿意不断投资的价格情况等；在哈耶克的著作中，不变的支付手段数量。均衡在这里是在各种可以想象的方面加以假定的；假如使用这种“静止的初期情况”的方法（method of a “stationary initial situation”），那么，对特殊货币均衡条件真正包含的东西进行全面的分析，就似乎没有什么必要了。然而，魏克赛尔的理论，如同已经提到的，是试图分析一个动态的过程。因此它必须包含这种思想内容，即它能够验证在这种过程的每一时刻中货币均衡是否占支配地位，这种过程，当然不是也不能是静态的。

因此简单地假设一个静志的起点的方法是不能令人满意的：它逃避理论问题，没有把它们解决。在静态的形势中，即使在那些当主要变动发生后，它们的稳定与货币均衡不能两立的关系中，也会有均衡（例如制成品的稳定的价格水平）。

然而，所有追随魏克赛尔计划来进行研究的作者，都使用这一方法，是可以理解的。很多困难都因此被隐藏起来了，虽然这些困难并没有解决。正相反，我们的分析需面对着问题，并研究哪些特殊关系必须满足，然后才能获得一个货币均衡的情况。在静态中，这些特殊货币均衡条件是满足的，这是不辩自明的；但是，在这种静态中，有很多在动态假设下和货币均衡不一致的其他条件也能获得满足。

从这种静态出发的传统方法，的确能够得到关于积累过程一般特性的某些结论。但是为了将这些结论用之于某一实际情况，我们必须能够联系到货币均衡的特殊关系来决定各种不同价格高低的位置，这个货币均衡是指没有积累性背离趋势存在的一种情况。我们必须首先指出在静态下得到满足的均衡关系中，从货币理论角度来看，哪些是真正重要的；而且还要指出在非静态条件下，这些关系是怎样的。

8. 货币均衡观念的工具意义

特殊货币均衡条件，在实际情况和过程的分析中，有纯粹工具性质的意义。通过利用这些条件，现实情况在某些方面对货币理论来说是重要的特点便表现出来。它们并不表示一种“实际上的现实性”或一种趋势，而只是说明在进行中的现实经济发展如不致走向魏克赛尔的积累过程需要哪些条件。假如我们考察现实价格情况中这些有关关系的实际数值，那么，我们就能说出在这种情况中货币均衡是否占支配地位，假如不是，它发生在均衡的哪一边，以及从这一方向或是从另一方向背离均衡趋势的强度。货币均衡的假设不能对现实提供实际的评价。它只不过是一种工具，通过它能在某些从货币观点来看是重要的方面，分析观察所得的事实。

在货币分析中，均衡观念的这种纯粹工具的性质，必须特别着重指出，这主要是因为魏克赛尔和他的多数学生的货币均衡这一观念有时颇为紊乱地被赋予双重的任务。它是理论分析中一种纯粹的工具性的辅助的结构，同时它又表示一个明确的货币政策的计划。然而在这一特殊复杂问题中，并不难将理论和政策严格分开来。在以后几章中，我们只研究纯粹货币理论问题；在这种分析中，均衡的观念是工具的性质。至于货币政策问题（在这里均衡观念可能变成实践的标准）则将在第八章中讨论。

因此，均衡关系首先只是作为分析现实的或假设的货币与价格情况的重要辅助工具来研究，这种情况本身是不需要满足均衡的条件的。建立这样一种分析工具是货币理论的重要任务。这样能够从货币理论观点来描述既定情况的特征，这对货币政策有直接的重要性；货币政策问题总与现实情况密切关联着，人们在现实情况中为事情的未来发展制订计划，而这些未来的事情，在目前来说则只是一种预期。

然而，货币均衡的决定也有间接的重要性，因为它说明从一种情况变化到另一种情况的进程问题，同时它使对这种动态问题本身的分析成为可能。及时地研究这种事态进程的基础，必须是分析开始时的情况和分析其后各时点上存在的情况。在这些情况中，没有一个能够先验地被认为是处在均衡形势中的，不论在哪一种意义上来看都是这样。因此，在货币意义上来看也是这样。然而，这些情况必须参考货币均衡关系的现实数值来描述——当然，这和它们本身处在均衡形势中是截然不同的事情。否则，魏克赛尔的工具便完全不能应用。

因此，在以下各章，我们对这一问题的主要论述如次：从魏克赛尔货币理论基本观念的观点来看，在事物的非静态进程中，价格情况必须是怎样的性质，才能说明这一情况是处在一种货币均衡形势中的特点。假如这个问题能够答复得比以前更实在更正确，那么，就可以得到很多益处。特别是在将这个理论运用到实际问题时，可以更方便——这种应用，如果只问这种现实情况是否背离了一个不是这样的静止的状态，是不能做到的。[①] 魏克赛尔和他的一些学生试图给货币均衡形势下更特殊的定义，正是因为他们认为价格形成不一定必须是静止的，才能在价格的发展方面满足货币的"中立性"(neutrality)的要求。

9. 时点与时期

前面已经暗示，把分析限制在一个特定的时点上，对于货币均衡这一概念和对于联系到货币均衡形势来决定任何既定的情况都是重要的。然而，这样的分析只能当作是准备的步骤。动态问题本身牵涉到从一个时点到第二、第三等等时点的发展问题。因为时期是两个时点之间的间隔，很明显，在一个时点上的即时分析不仅是完全解决有关的动态问题的准备工作，而且是进一步分析这

① "静态"的假设，不仅要预先假定在既定的价格形成的函数下(某些特性的)一般均衡，而且还要事先假设这些函数的某些形式。参阅缪尔达尔：《价格形成问题与变动因素》(*Prisbildningsprobleimet, och föränderligheten*)，1927 年郛朴萨拉版，第 5 页注 1 及其他各处；林达尔：《资本学说中的价格形成问题》，(*Prisbildningsproblemet fran kapitalteorisk synpunkt*)，载《经济学杂志》，1929 年，第 41 页。

些问题所必要的基础。事实上，对一个时期内的发展的分析，必须有即时分析所说明的关于它的那些条件（见下节）。本文主要只限于即时情况的基本分析。为了指出适当的未来情况，对于一定时期内事物向前发展的分析，给予若干一般性的说明，是有益处的。

这种分析必须有一个由它的长度所规定的单位时间。一般的方法必须要研究某些相互依存的因素的变化。为了不至于失败，必须作十分抽象的假设，减少因素的数目，夸大它们的一致性，把它们限制在一个严密的不变的相互作用的体系中，用以简化动态的过程。在很多方面，时期的分析比之即时的分析，需要更大程度的简化和更多概括性的牺牲。用时间序列作为研究对象的时期分析所获得的更大现实的成分，是要用某些十分不现实的近似方法去换取的。实际上，这样的研究必须假定世界上大多数的东西都是不变的，而其余的东西也只是在很正常情况下变动。然而，所研究的体系的可变的和固定的成分是可以改变的。因此，某种程度的完全性便可获得。由于可能的事物数目无穷，时期分析仍将只是诡辩的。因此它的价值在很大程度上决定于现实形势负责人的直观知识，现实形势就是时期分析应用的对象。至于单位时间，当然必须根据所处理的不同问题选择不同的长度，这一长度决定于分别保持在可变的和不变的情况下各种因素的变动速度。

一种可能的方法是设想一个静态（均衡）的时期，各种变动都局限在没有时间性的点（timeless point）上，这些点把时期彼此分开。为了要使计划更合理一些，这个时期可当作是“十分短的”。但是即使有那个假设，这个方法不见得就能有效运用。所要研究的相互调整的最重要性质，就是它们需要时间，甚至它们出现的时

间先后对结果都有决定意义。把变动隐藏在没有时间性的时期分界点上，事实上动态问题仍然没有解决。

而且，在这一观念中还有一个根本的模糊不清之点。因为，为了能够将变动关闭在一个没有时间性的顷刻上，就必做那种“绝对可动性”(absolute mobility)的可疑的旧假设。但此时便很难看出为什么这个过程不立即发展到它的终结。然而，这个观念是要得到一个渐变的图景、使变动局限在每一时期的开始和终止的分界点上。假如不在这种变动的因素中引进一个时间成分的话，这是不可能的。变动的发生和没有时间性的点这一观念是矛盾的。在一个时点上只能有趋势，这个趋势能够而且必须作为动态分析本身的准备步骤来加以研究，动态分析本身是涉及所研究的次一时点以前在时间上的因果发展的。在经济理论中引进时期这一因素的理由，就是要对这一发展进行分析。

10.“事后”(ex post)与“事前”(ex ante)

前面已经提到，本文主要是限于研究在某时点上存在的趋势。这样的研究对时期分析说来是必要的准备工作。实际上，它规定了一些可用来对动态问题作进一步分析的数量。

这些数量中，有些是直接涉及一个时点上的量。“资本价值”与需要价格和供给价格这些数量都是如此。然而其他名词——例如“所得”、“收益”、“报酬”、“费用”、“储蓄”、“投资”——都包含一个计算它们的时期。但为了使它们不致含糊不清，亦必须注意在计算时它们所处的时点。

为什么货币理论的作家们未曾想到对收益和成本等等在计算时所处的时点有加以说明的必要，这是容易理解的。在静态分析中，只有贴现因素会产生差异，这个因素已为利息理论所讨论了。由于在这一体系中没有不确定的因素，这就可以讨论报酬、成本和所得等等，而不必弄清它们究竟是从时期的起点或是终点、还是在时期中的某一个不定之点来考察的。多数理论家对于静态理论都有早期的锻炼，而且将思想上的松懈习惯转移到货币分析上来。然而，在这种分析中，某些名词是这样下定义还是那样下定义会造成相当大的分歧。

回顾过去一段已经完了的时期，这些名词是指实际上已经实现的报酬、成本等等，这些项目在商业簿记已有记载了。在这种事后计算中，我们以后将要说明，投资期待(invested waiting)与总投资价值之间必须是完全平衡的。向以后看，除非在某些尚待判明的情况下，没有这种平衡。事前的计算，不是属于已实现的结果的问题，而是推动动态过程向前发展的预期、计算与计划的问题。假如将这些区别记住在心中，很多关于“储蓄与投资”的紊乱都可以避免。在某种情况下，当储蓄增加而没有相适应的投资的增加，或许还有相反的投资变动时，必然会有一个事前发生差异的趋势，这一明显的推论与事后计算的簿记平衡表二者之间，事实上是完全没有矛盾的。货币理论中要解决的真正问题是：储蓄投资等式的分离趋势是如何发展成为事后平衡的？我们将要指出，这条道路要经过得益和损失(gains and losses)这两个纯粹动态的因素，它们是不能明确地列入事前计算中的——事实上，它们是由预期的变化所引起的——同时它们也是事后计算中的很特殊的一种收益

和成本。假如我们根据惯例不将它们包括在内，那么，事后的簿记彼此便不可能平衡。

所有这些以后还会详细谈到。现在只需着重指出：在计算所得、储蓄和投资等经济数量时，预测的方法与回顾的方法存在着重大差别；在这两种可供选择的规定这些数量的方法之间，也必须划分出相应的在理论上的重大区别。根据所研究的时期终点的计算来确定的数量，可当作是事后的；根据该时期的起点所计划的行动来确定的数量，可当作是事前的。货币分析，假如要向前发展，必须同时运用这两种定义的体系，并考察它们的相互关系。我相信目前货币理论上很多(即使不是绝大部分)的紊乱和未解决的争辩，都可归咎于定义的缺少明确性，特别是关于上述的区别。假如本书有什么贡献的话，那么主要的贡献可能就是它首先提出了事后和事前的概念，并着重指出明确承认在货币分析中包含有时间因素的重要性(参阅第四章第 6 节及第五章第 14—16 节)。

11. 用可观察的和可测量的量来说明均衡的条件

在着手具体分析货币均衡条件以前，尚有一事须待着重指出。我们必须努力来这样说明货币均衡的条件，使它包含有可观察的和可测量的数值。否则，要实际应用理论来分析现实过程是不可能的，最少也是很困难的。理论必须提供若干简单明确的公式，这些公式是可以适应于在统计分析中有用的观察的。任何人，如果像本文的作者一样，把抽象的经济理论看作是对于需加观察的实际材料所提出的问题的合理的集合体——当然，这些问题必须尽可能说明清楚，必须不是相互矛盾的，而在逻辑上和有关的调查材料是协调一致的（抽象分析的全部任务就在于此）——都会认为这种需要是不证自明的。[1]

① 反对理论的经验主义者的攻击，只能用实际上可应用的理论来反驳。参阅下列录自威格曼（Wagemann）：《商业学说》（*Konjunkturlehre*）1928 年柏林版第 166 页的引文，并比较本书第九章关于方法论问题的说明。

关于魏克赛尔货币理论，威格曼写道："经验上树立起来的事实，在这一情况和其他情况下为'理论'所模糊而不是说明清楚。因为，说什么利率必须和资本的'自然利率'一致，总是纯形而上学的。否则，这个利率是能正面决定的吗？……。对这两个因素能够建立什么具体的等式呢？这种理论的神秘观念什么问题也不能说明，——它是这样绝望地与烦琐的体液病理学有关的"等等。

在客观上威格曼完全正确。魏克赛尔的"自然率"是不属于这个世界的东西（与下一章比较）。但是问题是：人们是不是不能根据对魏克赛尔思想线索的完全理解，来获得对问题的说明，这种说明不仅对于解释"经验上建立的事实"而且对于观察它们都是有用的。"事实"绝不是容易解释清楚的东西，特别是当它们是属于很一般和很复杂的性质的时候。在每一"事实"说明的后面是广阔的理论上的假设，威格曼可能是忽略了这种假设的存在。

第四章 货币均衡的第一个条件：实际资本的收益率

1.被交换价值生产率所代替的“自然率”

魏克赛尔关于货币均衡的基本定义，如同上述，是与迂回生产过程的生产率有关的。魏克赛尔的第一个均衡条件把货币理论与利息理论联系起来，因此也和价格形成的中心理论联系起来，在这一意义上，它是基本的。

“自然的”或有时如同魏克赛尔说的“真实的”利率，被界说为当土地和劳动的服务被储蓄起来时，即在不提供直接消费的服务时，它们在“实物生产率”上的边际增量；或是“生产过程中资本的实际产品”，或是纯技术性的“等待获利率”(profitability of waiting)。货币均衡的条件是指货币利率与适才所解释的“自然利率”二者的均等。

这种“自然利率”在它的最纯粹的意义上是被设想存在于没有货币交易因之没有信用的理想状态之中。[1] 在特定的市场情况下，经济主体被迫——用欧文·费希尔特别巧妙的说法——只是

---

① 《利息与价格》，第93页及以后各页[第102页及以后各页]。

通过生产方法的改变，通过实际资本与商品的交换，并通过实物贷款而非用信用契约，来调整他们收入川流的“时间形式”（time shapes）使适应于他们自己的“时间偏爱表”（time preference schedule）。魏克赛尔认为，假如有完全可动性的话，一个一致的时间差价（time agio）会在整个价格形成体系中发展，它将隐含在包含有对未来关系的预测的全部特殊交换关系之中。自然，这个时间差价——除非假定体系是静态的——对不同的未来时期可以有不同的数值，而这些不同的未来时期是包含在经济主体对投资和收入的预测之中的。这种一致性只有在每一个别时点上和对从那点起的同一预测时期才是真实的。

在既定的技术函数和其他决定这个体系的主要因素下，交换关系本身的利息因素反映时间因素的边际实物生产率，在这一意义上它是“自然的”或是“真实的”。然而实物生产率的观念要预先假设除去等待以外只有一个生产要素，并且只有一个产品，而且这二者都是属于同一实物性质的。因此，这种观念对于现实分析没有用处，因为这些假设——假如做了这些假设的话——会排斥进一步使分析适用于现实的可能性。因为这种假设对于把自然的或真实的利息率当作边际实物生产率的这种理论，在观念上是必不可少的；它们不能被抛弃，也不能用较不抽象的假设去代替。

在论证中，魏克赛尔暗示有可能用商品的固定相对价格的假设，去代替生产要素和产品同一性质的假设。但这必须补充说，生产手段的相对价格也必须假定是固定的，而且这些生产手段的价格和商品价格间的关系也是固定的；这即是说，在全部价格体系中的价格关系必须被认为是既定的和稳定的。但是这种假设同样阻碍这个理论的进一步完成。因为必须假设是既定的和不变的交换关系的本身，决定于时间差价，同时也影响时间差价。再者，魏克赛尔把经济理论引进到这个方法中来，使价格和价格关系的决定在理论上联系到利率的决定上，这是他的一个很大的贡献。因此，谁要使魏克赛尔的自然利率的设计真正对货币分析有用的话，谁就必须与魏克赛尔相反，用交换价值生产率(exchange-value productivity)的观念去代替实物生产率的观念。

2. 已包含在修正说明中的信用和"货币率"

只要我们承认有必要作这种重新说明，马上就会发生问题：究竟魏克赛尔的没有货币和信用交易的假设对这种论证有多大的重要性，它是否不矛盾。

假如交换价值不是事先给定的，而只是存在于价格形成过程结构中，而等待的交换价值生产率也是通过价格形成过程决定的，那么，后者便很难从包括它的交换关系的总体中得出来，除非为交换价值假定某种一致的抽象的计算单位来加以计算。这个程序最少在理论上是最简单的。此时计算单位的交换价值被假设是无关的。它可以和任何具体的商品联系在一起。引进一个抽象的计算单位当然它本身并不意味着引进信用契约。但是，如果我们假定经济主体将以用这种计算单位计算的信用契约去代替部分实物信贷交易，那么，这个单位当然也得到货币的某些其他性质。就这点本身而论，并不一定破坏这一论据；因为由于计算单位本身的交换价值原则上是无关的，货币单位和任何其他的东西都可用于信用契约。但当货币的定期契约被引进来以后,立即便会有十分重要的差别。通过信用契约,计算单位在交换关系上获得了真正的重要性;因为,此时价格形成的过程受货币单位对其他商品的交换价值的变化的影响。魏克赛尔作没有任何货币交易的假设,他的真正意向显然是:他想从自然利率的决定中,把全部货币问题排除出去。

从这些考虑中可以引出一个结论,就是没有任何货币交易的假设并不是多余的,因为它是无关的,但宁可说它和这个论证基本上是不一致的。[①] 我们必须用交换价值生产率的观念去代替等待的实物生产率的观念,是因为生产率依存于相对价格,而相对价格则不能假设是稳定的。但是提供和获得信用的条件——这里十分抽象地用"货币利率"来代表——本身影响相对价格,并通过相对价格影响实际资本的交换价值生产率。因此,我们的结论必然是,信用和货币利率也必须包含在用来确定自然利率的公式之中。假如要坚持魏克赛尔的方法,即只是在一种排斥信用契约,因此也排斥另一比较要素——货币利率——的假设情况下来确定一个比较要素——自然利率,那么,货币利率与自然利率之间的区别在逻辑上的意义究竟是什么呢?

---

① 魏克赛尔说:"假如货币确实被贷款人按照这个利率贷出,则使用货币只是一件外衣,借以掩蔽一种过程,这种过程没有货币也会发生,而经济均衡的条件也完全可以照样达到。"(《利息与价格》,第 95 页[第 104 页],重点是我加上的)。这个主张只有在绝对静态条件下——在那里包括货币价值在内的全部相对价格都是不变的——才是正确的;因此,在魏克赛尔马上就谈到的更具体的假设下,即当不能完全和正确预见到的各种主要变化发生时,它是不正确的。因为货币的交换价值此时必然对不同商品发生不同的变化,因而信用在每一个利率上对不同种类的企业家活动的获利性有不同的意义,而结果对交换关系也有不同意义。货币不再是价格形成过程的一件"外衣"了。参阅缪尔达尔《价格形成问题与变动因素》1927 年邬朴萨拉版,第 179 页及其他各处。

用交换价值生产率的观念代替魏克赛尔的纯粹实物的、技术的生产率以后，并在用(绝对)货币价格计算所有的(相对)交换价值以后，一件事变得很明白：企业家所预期的绝对的未来货币价格，必然决定魏克赛尔心中所有的生产率关系。因此，这种关系不再只是决定于企业家对相对价格或交换价值的预期。因此，魏克赛尔在联系物物交换经济中的实物生产率来建立自然利率时，他所希望避开不谈的货币和货币价值的全部问题，到底还是包含在自然利率的分析之中。结果还是不能避开货币，而且我们能够从魏克赛尔自己的货币理论中找到理由。不可能设想相对交换价值，在它的发展中，与签订信用契约所依据的绝对货币单位无关。

3. 实际资本“事前”和“事后”的收益率

然而，魏克赛尔的“自然的”或“真实的”利率观念与纯粹的实物生产率有非常紧密的联系，所以我想在以后引用一个新的专门名词，来避免不正确的联想。我打算把那个用货币单位计算的、表述在价格关系中的、我想用来代替魏克赛尔实物生产率的那个生产率，叫做实际资本的收益率(the yield of real capital)。现在我们要问如何计算这个收益率。

对任何收益率的计算，显然必须联系到计算时的时点和核算收益率的时期。可以有两种不同的计算方法：收益率可看作是事后的或事前的。我们已经在上章(第三章第10节)谈到两者区别的根本重要性和这一概念的一般内容。根据第一种计算方法，收益率是按照一个时期中已实现的收入和成本来计算的。根据第二种方法，收益率是根据在起点时只是作为资本化（capitalized）预期而存在的收入和成本来计算的。第一种计算方法是一种“簿记”，它记录那些已完结时期内实际发生的东西；第二种计算是以估计未来时期内将会发生的情况为根据的商业计算。

两种计算收入和成本的方法在实际商业实践中都有很实际的意义。第二种计算方法是以预期贴现为基础的，即是一个企业的预期利润率，对企业家的计划起决定作用的自然是这个预期利润率，而不是过去一个时期已经实现的利润率。后一利润率只是间接作为未来利润率的参证时，在计算上才是重要的。作为事前计算的基础，事后所登记的经历资料一般也可以有决定意义。但这并不意味着这两种观念在理论上不应当区分开来，也不意味着商业计划不应当被认为只是直接受预测和计划的支配，而只是间接通过对预期的决定，受给予预期以现实前提的经验的支配。我们必须谨慎地不要将因果关系和逻辑上的一致性混同起来。

因为在魏克赛尔的货币理论中，“自然”和货币利率的对照的任务，是要说明积累过程是如何通过企业家行动的反应而发生的，所以很明显，只有预期收益率对这个理论才有直接关系。在这里也许只有它才是有关的。因此，我们必须强调和分析这两种计算方法的区别，即是过去时期的“簿记”如何区别于同一时期事前计算。（见下面第 6 节）。

4. 预期的实际资本价值的变动

很明显，收益率必须当作特殊资本货物的纯收益与它的资本价值之间的比率来计算，然后才能和货币利率相比较——在魏克赛尔的理论结构中，这是必要的。由于同一理由，纯收益必须这样来计算，即使为资本价值所代表的财产价值保持不变。否则，纯收益不仅包含相当于利息的数额，同时还包含有折旧的项目。

为了使收益率能和利息率的定义一致，它必须根据财产的不变价值来计算，这种情形在事前计算中含有以下的意义。实际资本价值的某一变动，经常是预期的；而这种预期的价值变动，在我们求纯收益的本身时，必须先从预期的总收益中扣除。纯收益应当这样来计算，不仅属于参与合作的生产手段的营业成本应从总收益中扣除，而在考察时期内的相当于资本价值减少的部分也应当扣除——或是加上相当于资本价值增加的部分，假如预期是增加的话。

资本价值的增加或减少，或是“折旧”和“升值”，含有继续的和预期的价值变动，实际资本随着时间的消逝，是经常发生这种变动的。我们在资本价值这一项目中，不包括资本的得益和损失(capital gains and losses)，根据定义(见下)，它们经常代表脱离预期的离差。因此，它们只能影响在它们发生以后所作的收益率的计算。资本的得益与损失代表未来收益和成本预期中的变化；它们使资本价值或高些或低些，因而间接影响价值变动率(rate of value-change)的计算，这种变动率只有以后才是正确的；这样，它们也影响在下一时期下一时点事前计算的纯收益和收益率。[1] 当我们谈到企业收益的事后计算时，便要对资本的得益和损失加以更多的叙述。它们自然是不会在事前计算中出现的；除了已经包含在收

---

① 见本章第 6 节。

益和成本的预期中因而也包含在未来时点上资本价值的预期中的资本的得益与损失以外,没有预期的资本的得益与损失。

关于预期价值变动率,还必须补充一点。它不是由相续的次一单位时期中纯"技术的"损耗或成熟(maturing)(例如成长中的森林)去决定的。因为不论正的或负的价值变动是否由于这种预期的技术变化所引起,也不论它是否与预期价格的变化有联系,对于我们使用收益率这一观念的理论论证,没有什么分别。[①] 在未能将资本货物的收益率计算成为一个能与利率比较的比值之前,必须把正好相当于现在和次一计算时间(即在最接近的单位时期的终点)之间资本货物价值的预期变化的一个项目,从总收益中扣除或加上。这个项目最简单的计算是采用现在时点和次一时点上的资本价值的差额。[②] 这个项目,对于在静态中可以永久使用的资本货物自然是等于零。

在实际上,这一特别数值的计算,在计算净收益时会有极大的

① 见本章第7节。

② 要说明这个理论,我们可认为资本货物的资本价值包含两个数值:(1)假定的资本货物的资本价值,如果把所有未来时期的总收益和营业成本预期得和下一单位时期完全一样则这种价值将会发生;(2)预期未来背离这些收益和成本而算出的资本价值。要使现在的总价值(即这两个价值之和)保持固定不变——除非由于预期有了变化在将来引起得益和损失——第二个资本价值必须用减债基金清偿(amortized)并支付利息,这显然和(正的或是负的)拨付清偿基金是一样的。第二种资本价值的减债基金清偿计划,在既定的时点上必须这样来决定——对未来利息的预期也是既定的——第一,这部分资本价值在资本货物生命终了时,完全用减债基金清偿了,此时,这两种资本价值之和必等于零。第二,在未来的任何时刻,这两部分资本价值之和等于资本货物在这个未来时刻上的预期资本价值。第二部分资本价值的利息和减债基金的支付,代表折旧或升值这一项目,这个项目相当于时期起点时的资本货物的资本价值与这个时期终点时的预期资本价值二者的差额。

困难。因为企业家预期的价格只是存在于一系列粗略的或然事物中。这种计算还由于他们的取舍态度变得更为复杂，这种取舍态度表现在对这一系列或然事物的风险的评价上。不论是或然表(probability scales)或是对风险的评价都不是事先给定的。

5. 收益率的定义

一个各别公司在给定的时点上事前计算的一个单位时间内的净收益 e'是：

次一单位时期内所有的预期总收益的贴现总额 b'；减去

同一时期内以参与合作的生产手段的营业成本形式表现的所有的预期总成本的贴现总额 m'；减去

预期的这一时期的价值变动 d'，在计算时要考虑到资本货物全部残存生命所有的预期收入和成本，并考虑到在现在情况下通行的利率和在将来可能通行的利率。在价值的变化是降低的正常情况下，预期的价值变化在此处被给予正号，这即意味着升值是当作负的减值。这样，它便可被解释为实际资本的现在价值与在单位时期终点上的预期资本价值二者的差额。这个价值的纯变化也必须折成为现在的价值。[①]

因此我们得到下列公式：

$$e' = b' - (m' + d')$$

由于总收益和总成本中的每一个成分都存有一系列的或然

① 本书使用的符号的注释见本章之末。

性,所以在折算每一个预期收入和预期成本之前,必须先乘上一个系数。这个系数表明假定的或然程度。用这一方法计算的净收益,在表示它时还得继续乘上第二个系数,用来作为一种评价,说明企业家在对这些未来的收益和成本因素的或然性进行估计时,对待风险的态度。实际上,这种计算自然只是粗略和概括的。但是这不能阻碍我们在分析时要清楚地记住这个计算的理论形式。①

把这样计算出来的净收益除以计算时的资本货物的价值c_1',便获得收益率y_1'。因此,

$$y_1' = \frac{e'}{c_1'}$$

6. 三种得益与损失

所有已谈到的都是关于事前收益率的计算。由于前面所说的理由,这种事前的计算才是和魏克赛尔理论的主要论点一致的。作为插语,我们可以往此处简略地指出收益率的事后计算是如何表现的,在哪些方面它和刚才所说的事前计算有所不同。

二者之间存有区别,一般是由于预期计算中存有不确定的因素。生产的技术过程需要时间。在这时间内,有些不能绝对确定预料到的变化发生了,于是发生得益与损失。这些得益与损失原则上既不是收入因素,也不是收益或成本的因素,也不是资本价

① 关于这点和以下部分,我参考我的著作《价格形成问题与变动因素》1927 年邬朴萨拉版,在那本书中我曾试图把预期因素放在价格形成的说明之中。

值。它们不是价格,而是价格变动。

三种不同的得益与损失应区分清楚:

(1)资本的得益与损失本体。这是由于企业家对未来收益和成本的预期在这期间内发生了变化而引起的。实际资本价值的增减,直接反映这个变化。因为资本价值在理论上只不过是预期未来收益和未来成本的贴现总额。假如预期的变动只是与所考察的时期终了后得到的收益与成本有关,则所发生的资本的得益与损失并不表明事前收益率和事后收益率之间的差额。因为虽然当预期发生变动的时候,资本价值随着得益或损失数额而增加或减少,预期价值变动率,因之净收益,也相应地提高或下降。净收益与资本价值之比不论是事前计算的或事后计算的都是一样的。但这里,我们得假设预期的利率是不变的。

即使预期的未来收益和成本保持不变,这类资本得益与损失仍然会发生,假如预期的未来利率——这是贴现因素——发生变化的话。那时,价值变动率也发生变化,而结果资本价值,预期的未来收益都要调整使和新预期的未来利率相适应。[①] 最后,对收益、成本和未来利率的预期会同时发生变化。但这只是错综复杂的计算。

(2)收入和成本中的得益与损失。它们也是由于顶期有了变化而发生的,但与实际已实现的有关收益与成本直接联系着。如果后者在它们的成熟时期的价值与以前预期估计的价值有差别,得益与损失就会发生。只要收益和成本没有完全预期确实,一般

① 关于净收益对资本价值之比的收益率和利率之间的关系见下节。

就是这种情形。那时得益与损失即存于这一事实，即在期望的收入和成本因素实现时，资本价值不按照收入与成本增减的比例而下降或上升。这和收入与成本因素与事前计算的期望价值完全一致时，自然会发生同比例变动的情况是不同的。[①]

（3）投资得益与投资损失。当资本货物刚刚被做好，在准备要使用的时候，它们的资本价值大于或小于全部建造成本时，这种得益和损失便会发生。企业家对这种投资得益与损失的期望形成魏克赛尔动态过程中的求利的动机。既然我们只是讨论现存资本货物的收益率，所以关于这点，我们可以不管它。

在此处应当着重指出以下各点。在净收益的事后计算中，得益与损失的因素是不可避免的。例如由于逻辑上的理由，不可能只靠分析“十分短促的时期”的办法来避免收入和成本中的得益和损失。即使无限度地缩短时期长度，以求和复利公式建立联系，仍然不能避免这种困难。因为收入和成本中的得益和损失在某些时候必然会实际发生。只要它们不能完全准确地加以预测，它们就包含着意外变化的因素，所以事后计算的得益和损失定会发生，不管这种过程被分成的时期是如何短促。对于价值变动率的变动，同样的说明也是真实的；价值变动率，在资本得益与损失事例中是与预期的变化联系着的。

事前计算和事后计算之间的关系，将在下章第 14—16 节继续讨论。三种得益与损失对这个关系的重要意义在那时将会看

① 这种收益或成本的得益或损失相当于凯恩斯的“意外的收入”（windfall），假如凯恩斯把这一概念解释清楚的话。但是他没有解释清楚。在（1）项中所讨论的资本得益与损失在他的体系中似乎没有地位。

清楚。

7. 利息率等于现有实际资本的收益率

现在让我们回头来看收益率的事前计算，这在魏克赛尔的分析中从逻辑上看是必要的。我们曾分析过净收益，并把收益率界说为净收益对资本价值之比。但现在资本价值只不过是所有未来总收入减去营业成本以后的贴现额。为了要使收益率能够和利息率比较，我们要进一步这样确定收益率，即使本金的价值维持不变——这就是预期价值变动要从总收益中减去或加进去的理由。因此资本价值等于一个和下一单位时间的净收益一样大的永久的净收益的资本化价值——或是等于未来任何数目的时间单位的不变净收益的资本化价值加上期末的同一资本价值。从这一观点来看，资本价值，换句话说，只是两个量的价格反映：净收益和“市场利率”（假如我们考虑到后者的各个种类的话，它指的正是这些与所考察的公司有关的市场利率的集合体。见本章第10、11两节）。

这也意味着这样解释的收益率与市场利率之间经常而且必然是一致的；因为资本价值和将收益是这样解释的，使它们必须经常满足这一等式。（译者按：$y_1=\frac{e}{c_1}=\frac{e}{\frac{e}{i}}=\frac{e}{1}\times\frac{i}{e}=i$，故收益率与市场利率经常相等。）假如现在在某种情况下，次一时期的净收入对资本价值之比和市场利率不一致时，其原因在于计算时的两个缺点之一：或是没有采用和所考察的公司有关的市场利率，或是没有计算出“正确”的价值变动率。“正确”的比率——向未来时期看——是指在不同时期内能实现所有总收益和总成本因素之间必需的平衡的比率,计算时不仅考虑到技术上的或账务上的预期,而且考虑到所有的预期。根据定义,这个平衡的特点是市场利率与净收益对资本价值的比二者之间的均等。只有在这一意义上计算"正确"了,"自然的"利率和"市场利率"的关系才能满足魏克赛尔货币理论所赋予它的任务。

例如,如只简单地忽略那部分不是以实际资本的预期纯粹**技术上的**变动为基础的预期价值变动,即是忽略由预期价格变动而产生的那部分,那么,便不可能在"市场利率"与"自然利率"——在现有实际资本的收益率这一意义上——二者之间得到一个差距。因为假定我们这样做,并计算减债基金这一技术上的决定因素(为便于讨论,我们说它是小于价值的减少的部分减去价值增加的部分),那么根据我们的定义,一个高于"市场利率"的"收益率"便会发生。但是,如果企业家对他们的产品价格是预期下降的,而这种价格的下降又正好抵消或甚至超过这一收益率与市场利率的差额,那时所说的这个差额对实际投资便没有刺激力量。而在魏克赛尔货币理论中,这一刺激作用,正是这个差额的职能。

由于这个理由,在这一论证中,资本价值的预期变动不可能用习惯的由技术上决定的减债基金率去表示,也不能用簿记的简化形式样去表示,至少就获利率问题来看是这样。我们以后会指出,在另一个对于货币理论是主要的问题上就不是这样。[1]

① 见第五章第13节。

8. 计划实际投资收益率的定义

我们前面研究的结果是，假如要使实际资本的收益率适合于魏克赛尔的货币理论，就必须这样解释它，使它从定义上看经常等于市场利率。乍一看来，这个结果好像对他的思想线索是危险的。因为魏克赛尔认为自然利率和市场利率的差别是能够存在的。但应注意的是以前谈到的只是关于现存的实际资本。依照魏克赛尔的说法，自然利率与市场利率之间的差额的作用正是在刺激投资，即是在创设新资本。[①] 因此，魏克赛尔的理论论证，要求在计算我用来代替魏克赛尔的自然利率的那个收益率的时候，考虑的不是现存实际资本，而是新创设的计划。

嗣后，我们指的收益率就是计划投资的收益率。很明显，它应当被解释为计划实际投资的净收益对生产它们的成本之比。净收益用上述（第 5 节）同样方法来计算，生产成本指在所谈时刻上预期的成本。

适才解释的计划投资的收益率是赢利率，相当于包含在魏克赛尔观念中的自然利率。它是预期的投资得益（见第 6 节）对投入资本总额的关系的一种表现，即是企业家通过购买生产资

① 魏克赛尔《讲演录》，第 218—219 页[第 2 卷第 192 页]："形成实际资本利率的这种直接表现的利息率，我们称之为正常利率。为了要清楚地说明这个概念，我们必须弄清实际资本的适当概念。当然，我们并不以为已经结合在生产中的比较固定的资本——如厂房建筑、轮船、机器等等——的收益，就其刺激或是阻碍在生产中使用新资本来说，对利率只有间接的影响。后者，如流动的、自由的和可移动的资本，正是在这点上有关的问题。"

料,并把它们转变为实际资本而得到的资本得益率的表现,这种实际资本当完成时,假如投资得益是正号的,则预期有一更高的价值超过它的生产成本总额。很明显,预期投资得益等于期望的净收益与投入的资本的利息(按市场利率计算的)二者之间差额的资本化价值。前述三种得益和损失中,投资得益与损失是唯一的明确列入企业家事前计算中的。存在这一差别的原因,是它们指的不是现存的实际资本,而是在新生状态中的实际资本。

事实上,要计算一个公司的计划投资收益率,虽非不可能,也是很困难的。因为像预期的计划投资的生产成本,事前计算的净收益都很难观察。这些收益和成本只是存在企业家对未来的计划中。但此刻不拟考虑这一问题,我们以后将要讨论它。这里的全部要求是:这个定义应该是清晰的,它要能正确表述魏克赛尔在他的奇特设计的"自然利率"中所要表述的东西,同时它要能包含魏克赛尔所可能达到的结果,假如他始终一致地遵循他自己的思想线索,特别是,在他计算收益率和资本化时,考虑到可变性所固有的预期因素的话。①

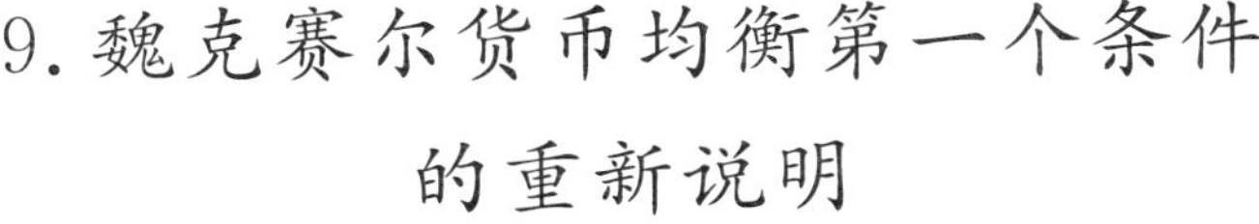

9. 魏克赛尔货币均衡第一个条件的重新说明

上述计划投资收益率的定义可作某些更动。由于以后即将弄

① 魏克赛尔本人常谈到"得益的机会"及类似的东西,用来代替"自然利率"。

清的实用上的理由，我们宁愿用现有实际资本的净收益去代替计划投资的净收益。因此，我们也要用现有实际资本的生产成本去代替计划投资的生产成本。计划实际投资的收益率此时使用上述净收益 e' 对现有实际资本的再生产成本 r_1' 之比来代表。为什么这是可能的，以后就会看到。新投资的收益率 y_2' 可解释为

$$y_2' = \frac{e'}{r_1'}$$

在这里，我不考虑这一事实，即与实际资本生产成本有关的技术进步和相对价格的变动，使新的创设方法对计划的新资本有利，这种新的方法是有别于生产旧资本时所使用的方法的。这个不现实的近似法将在下面第 12 节讨论。

我们刚才对于一个公司的计划投资的收益率的定义是

$$y_2' = \frac{e'}{r_1'}$$

其次，对于这个特定公司，

$$e' = b' - (m' + d').$$

把所有在同一经济内的企业家的收入加起来，我们得到

$$\sum e = \sum b - (\sum m + \sum d),$$

假如全部收入都算作资本收入（每一个理论家都知道，这在原则上是十分可能的）则在这里 $\sum e$ 将代表以货币计算的国民总收入。

在魏克赛尔理论中隐含着一个重要的一般的假设，就是在这一经济中所有公司的自然利率都是一样的。因为他不断地强调说到这个自然利率。概括地说，我们可以认为魏克赛尔所想的各个公司的自然利率的相等，只有在均衡情况下，当自然利率也等于货币利率 i 的时候，才是这样。（货币利率这时被认为在整个市场中

都是相同的。)假如我们将这一观念移到我们所解释的收益率上,我们便得到,当 $y_2 = i$ 时,

$$y_2' = y_2'' = y_2''' = y_2.$$

因此,我们也得到

$$y_2 = \frac{B-(M+D)}{R_1},$$

其中,y_2 代表在全部经济中都是一致的实际投资的收益率,同时 $B = \sum b$;$M = \sum m$;$D = \sum d$;$R_1 = \sum r_1$。

但是引出这一最后结果的这个假设不能维持,我们当前的任务就是要找出如何才能处理它的办法。如果此刻我们假设它是可以成立的,那么我们就能把魏克赛尔的均衡条件表述如下:

$$i = y_2 = \frac{B-(M+D)}{R_1}.$$

10. 实际应用的困难:i 和 y_2 不是经验所能确定的

然而,从实际应用的观点来看,对上述意义的 $i = y_2$ 这一公式,我们必须作若干的批评。当然,它在理论上比之魏克赛尔的均衡条件的定义更为清楚和完全。因为他的自然利率(他设想它是在物物交换经济中的实物边际生产率),是这个世界中所没有的概念。但是尽管这一公式有相对的更大的清晰性,它在应用上仍有很多的实际困难。

因为,如果我们想将这一公式用之于观察到的材料上,货币利

率 i 马上就会成为十分复杂的东西。在实际上,并没有这样一种完全一致的货币利率,而是许多依照放款期限和在这一情况中其他条件的不同而有所不同的利率。而且,根据利率以外的信用条件的变动,对不同种类的信用,给予差别待遇,这也是正常的银行政策的要素。当银行政策更广泛地被用来为货币政策服务时,当银行家更清楚地看到不同的信用需求有不同程度的弹性这一重要性时,差别待遇在将来就越来越重要。因此,在魏克赛尔的货币理论中,"货币利率"是所有这些利率和所有其他"条件"和规定的抽象代表。在概括地说明魏克赛尔理论时,这点应当遵守。由于这一理由,我们就不能只靠指出没有一个单一的货币利率来批评魏克赛尔。但是这种观察意味着,假如将这一理论用之于实际,"货币利率"是不容易找到的。

"自然利率"y_2 是同样难于理解的。假如我们保持原来的定义,认为 y_2 是代表新投资机会的获利率(第 8 节),则这个困难就无法克服。即使将其重新界说为由净收益对现有实际资本生产成本之比来决定的收益率,测定 y_2 仍是十分困难。特别是这个数值的大小在各公司中是不同的,这在前面已经提到了。但即使我们不考虑这点,而只是考虑一个公司,在实际上 y_2 仍是很困难决定。这个净收益只能在了解个别企业家对价格的期望和他对风险因素的估计这一基础上来计算。在决定预期的价值变动时,这一困难特别明显。我们刚才谈到,在使用 y_2 这一数值的理论论证中,这种价值变动的量不能用习惯上的折旧率或是减债基金率去代替,后者是由技术或由簿记的习惯来决定的。(见本章第 7 节)。

11. 第一均衡条件的重新说明

然而，均衡条件能改变为另一种形式，其意义虽相同，但当用之于现实情况的分析时，则不致遭遇到同样的困难。

依据我们的定义，我们得到：

$$i=\frac{e'}{c_1'}=\frac{e''}{c_1''}\text{等等；}$$

及

$$y_2'=\frac{e'}{r_1'}；\qquad y_2''=\frac{e''}{r_1''}\text{等等。}$$

因此，等式 $i=y_2$，包含了等式 $c_1=r_1$。这一改换本身并不是一种近似法，也不改变题旨。在魏克赛尔的理论论证中，这一均衡关系应当用计划投资的资本价值和它们的生产成本来说明。假如用现有实际资本来重新说明——这意味着一种近似法——货币均衡条件可以表述为现有实际资本的资本价值与它的再生产成本二者均等的条件。

这一均衡公式——表明资本价值与生产成本二者的失系，而不是利率与收益率二者的关系——从实际应用的观点看来有重要意义。首先，"货币率"这一数值不是明确地包含在这样重新说明的均衡公式之中。但在魏克赛尔理论中用"货币率"这一数值所代表的各种极不相同的信用条件的全部复杂情况却仍然隐约地包含在资本价值中。再者，资本价值对每个公司来说，它包含了这些信用条件正好比例于它对经济生活中某特定部分的未来收益和期望成本的资本化的重要程度。在资本价值中，货币率找到了一种和货币理论相适合的表述。

同样的说明对收益率也是适用的。在新的公式中，净收益没有明显地表现出来。但是资本价值正确表述了对未来价格、生产条件的预期和对风险的态度，这些都是实际应用净收益观念时的真正困难问题。它们被综合表明使适合于这个理论。实际资本的生产成本，在新公式中和在旧公式中一样，当然都必须依靠观察来决定。但我们避开了货币率和它的决定的全部复杂问题，同时也避开了“净收益”这一概念。二者均已适当地用现实资本价值去代表了。

我们只需补充的是，在原则上，我们在这一论证中不但必须把资本价值——这是很明显的——同时还必须把实际资本的生产成本看做是贴现至某一时点上的预期总额。魏克赛尔第一个货币均衡条件所代表的货币问题研究的全部形式需要事前计算。要记住，资本价值——即使是现有实际资本的价值——从定义上看是事前的观念，而且对实际资本生产成本的计算来说，贴现较少现实意义，因为预期所关系到的时期通常是较短的。实际资本成本的事前计算之所以必要，是由于这一事实，即创设新资本需要时间，同时对进行新创设所作的瞬刻决定对货币理论有决定意义；因为由于这个决定才引起有关的需求移转。

当然，这个包含有资本价值和生产成本的新公式，特别是当这些项目指的是现有实际资本时，是比较容易处理的；但要把它用之于实际，仍然有许多困难需待克服。假如魏克赛尔的假设——即在整个体系中，自然利率都一样高，而同时只有一个“市场利率”——是对的，那么，困难就不会这么多和这么麻烦。这些假设，转换成我们的新公式，就会意味着在均衡时，在所有的事业中，c_1 和 r_1 二者都相等，而在不均衡时，这两个数值的差异无论在哪里都是一样。这两种说法都是不正确的。

要使这个均衡公式成为有用的，需要为整个不同经济组织设计某种**指数**用来代表 c_1 与 r_1 的差额。在准备编制这个指数时，再生产成本这一项目要包括关于劳动、(在预期生产时期中)要处置的资本、机器、工具和原料价格的资料。这些价格应根据不同价格组别在各种不同的实际资本的生产成本中所占的相对重要性，乘以各种数值。因此，对整个经济组织来说，c_1 与 r_1 二者之间的差额的指数必须经过某种加权而取得，加权的原则必须和使用这种指数的货币理论相适应。

现在我要说的是，在理论论证中引进一个指数，这并不是什么革命性或异常的事情。当我们谈到资本"价值"、消费品"价格"、工资等等时，如不将讨论范围局限在静态体系中，那么，事实上我们就要涉及全部指数问题。我想如果我们能注意和看清楚作为论证基础的加权原则，那就会更好一些。

12. 技术上的发展和相对价格的变动

首先，在处理技术发展和相对价格变动时，会发生一个困难。由于这两个要素，新的实际资本在建造上不是和旧的一样。只有假定技术不变，[①]我才能用 c_1-r_1 的关系去代表预期的"投资得

① 见第8节。

益”——预期的资本价值与计划投资的生产成本二者之间的差额。魏克赛尔理论的重要之点，当然不是再生产现有实际资本的获利率，而是新的资本投资的获利率。我们的确应当写成 c_2-r_2，其中 c_2 是根据新的技术上乐观的方法来生产的新资本的预期价值，而其中 r_2 等于实际资本的预期总生产成本。c_2 与 r_2 二者均难于求得，特别是 c_2，它不像 c_1 那样由市场价值去代表，而只是存在于企业家的计算中。这就是将 c_2-r_2 转换成为 c_1-r_1 的理由。

在我们的近似公式中，在比较 c_1 与 r_1 之前，r_1 应用一个修正的因素去调整。这个因素应尽可能正确地代表某种一方面依据旧的建造方法另一方面依据新的乐观方法作出的投资总额的预期净收益的差额。计算时要考虑到生产单位最适度规模的变化。两种情况的预期净收益，明显地可界说为上述净收益公式中的 e，即 $e=b-(m+d)$。

这样设计的修正因素可以解决困难。它的定义在理论上是清楚的。然而，在实践上，由于缺少必要的资料数字，不可能设计一个完全满意的修正因素。假如这是唯一的困难，那也许可能找到在统计上作为近似值适用于各种工业的修正系效。

13. 在现有公司中价格形成的不确定性

由于实际资本毫无例外地和现有的公司密切联系着，因之就发生另一种更基本得多的困难。各种不同的资本货物的成本常常是联合成本(joint costs)，而收益更是这样。因此，在动态情况下，单一资本货物没有明确的资本价值。在一个公司内，价格形成是不存在的,而计算也是不确定的。因此,公司本身是价格形成的最小单位。[①]

但现有公司的资本价值应当如何估定呢?自然,一个方法是简单地采用证券交易所关于工业企业股票和债券的价值的指数。但是又只有少数企业单位列在证券交易所名单中。而且列在名单中的企业和没有列在名单中的企业又有根本上的区别,简直不能有助于它们的资本价值的决定,因之已列入名单中的企业在统计意义上不能看作具有代表性。选择和随意正好是相反的,因之,统计上的误差必然很大而且是系统性的。列入证券交易所名单中的公司多数在市场中有好的基础,它们有一般企业所没有的垄断地位。因此,它们(在证券交易所)的资本价值对生产成本指数的关系不能看作是决定刺激实际投资因素的典型。

很清楚,这样的证券交易所的指数必须用其他企业的资本价值去补足,这些资本价值是从其他企业部门选出的——例如农业企业、不动产、在证券交易中没有行市的工业企业等的资本价值等等。这种补充,比之现在可用的材料,可能是以关于各个市场的更全面的价格情报为基础的。

即使如此,这样的资本价值的指数要用之于魏克赛尔理论中仍很困难。特别是证券价值要受许多对实际投资活动并非重要的因素所左右。至少它们对投资的重要性和它们对证券价值的影响是不成比例的。对多数大公司的投资都控制在一小群人的手中,他们比之证券交易所中的投机家们有更全面得多的情

① 缪尔达尔:《价格形成问题与变动因素》,第 57 页。

报。除了证券市场中的比较偶然的价值以外，他们还有他们投资活动的标准。

假如资本价值是这样计算的，把各现有公司看作一个单位，那么，组织机构、广告等等的成本都应包含在它们的生产成本中。在指数中必须考虑到这一点。这本身或者不会使近似的统计上的答案成为不可能。假如再生产成本的数值大小是参考一个现有公司来规定的，那么更值得注意的是，这里面隐含有和这一公司尚未存在的情况的比较。这常常是意味着和一个虚构的、不真实的和就一切情形而论绝对不知道的情况来比较。

假如有方法可以解决这个困难，那么，它可能只是把各现有公司中这些成分的资本价值和生产成本，当作是对实际已发生的投资活动具有直接重要意义。要来讨论这个方法如何用之于实际，不能抽象地顺利实现。既经指出重要困难之后，我们现在要放弃这个问题；同时，由于继续这一论证，我们今后假定对个别公司可以为 c_1-r_1 设计一个灵敏而有关的指数。

14. 利润限界和实际投资量

在对证券交易所指数作为资本价值指数进行批评时，我们再次接触到一个更为根本的困难，它和魏克赛尔的难以维持的抽象假设有密切的联系。我指的是在特别意义下的“自由竞争”的假设，即市场有完全的移动性，企业家之间有完全竞争，因此，在均衡时，所有不同的企业的自然利率会自动趋于一致。进一步的假设是，只要利率一有差额，不论它是如何之小，企业家们的活动便立即开始。这是所谓“合理行为”的一个方面。[①] 和这些假设有些矛盾的是,魏克赛尔同时认为有一种“均匀地”分布的惯性,因而积累过程可被设想为需要时间而不是突然而来的。

在这里我们面临着前述的基本困难,即我们不能假定 c_1 与 r_1 之间的差额在全部经济中都是一样而在均衡时则全都是零。在通常情况下,这个利润限界在不同公司中必然是不同的数值,甚至在有些公司中是正的而在另一些公司中则是负的。假定个别公司都能够得到利润限界 c_1-r_1,有什么原则来归纳和权衡各个不同经济部门的差异来编制一个总指数呢?总指数应当如何编制才能指出:整个经济是否呈现货币均衡的条件;假如不是,背离均衡的程度和方向又如何呢?在魏克赛尔运用他自己的均衡公式时已隐含有某种加权的体系。

从这个公式的观点来看,按照已投入资本的大小来加权不能是正确的。即使我们能够假定两个经济部门的利润限界一样大,用那个原则来加权也是不对头的。在具有十分耐久的资本、并且固定成本相当大的工业中,生产能力未利用的程度,以及实际投资的大小,对“不利时期”——即负号的利润限界——的反应,和技术资料与此相反的企业是不相同的。即使在同一工业中,即使有同一的 c_1 与 r_1 的差额,投资的反应也可能取决于运动的方向。经济过程不是那么容易扭转的,特别对于投资是这样。再者,垄断要素在这里也起着作用:一个在供给和需求方面占有相当垄断地位的公司,对于利润限界移动的反应,比之遭受更多竞争压力的公司

① 参阅第九章第2节。

是不同的。我着重指出，这些困难不能靠忽视这个比较来避开，它们是使理论面向实际的每一个企图的很典型的结果。它们是从一开始就隐含在理论中的。

然而，这些都很明显：在魏克赛尔的货币理论中，获利率限界的任务就是要刺激实际投资的增加。生产方向转变一发生，随之而来的是各种价格水平新的变动。从此魏克赛尔的积累过程开始；它一直到利润限界再度消失时为止以前不去停止。这就是魏克赛尔货币理论的主要论点。从这一观点来看，也很清楚的是，要把各个不同经济部门的 c_1 与 r_1 的差额综合在 $\sum w(c_1-r_1)$ 这一一致的公式中，必须用这个方法，即是要参酌它对用生产成本测量的实际投资额的影响程度来对这些差额加权。各个不同经济部门的权数必须是不同的，而且必须决定于利润限界的符号、大小和方向，以及整个经济的一般商业循环情况。

我们将一个公司的投资反应系数界说为在一个单位时期内决定进行的新投资额——即超过代替旧的实际资本耗损部分的投资——对为诱导这个投资所必需的预期的投资利润额 (c_1-r_1) 之比。这些系数可以解释为对利润的平均投资弹性。它们不是常数，特别是要取决于利润限界 (c_1-r_1) 的大小。事实上它们只是一个没有解决的问题的符号。这个问题显然只能通过对商业循环各个阶段各种不同工业的行动进行统计研究才能解决。依靠我们将来可能有的方法和资料，这个任务或者不是完全无希望的。在垄断理论中，以及在联合收益和成本理论中，我们有借以组织对实际投资弹性的实验研究的工具。除了已经谈到的那些困难外，尚有一个大的困难，即必须把这个弹性设想为取决于反应时期的长短。然而，这个困难是所有关于弹性的讨论中所固有的。

我们必须补充的是，即使是十分粗糙的近似方法，也比没有好些。即使我们对许多经济部门只有不甚确定的材料，我们也可以依靠对某些特定工业的情况的了解，取得近似的系数，然后借助于它来对观察所得的各种不同的资本价值与生产成本的差额进行加权和合并。这种结果虽然粗糙，但是很有用处的。假如能够经常收集这些资料——特别是假如能够一直收集到最近的——我们就能够对利润限界的变动作出估计。无论如何，魏克赛尔的利润限界决定投资额的观念，假如没有依靠一种考虑到对投资影响的加权办法，就站不住脚，这似乎是很明确的。

15. 第一个均衡条件的不确定性

在我们进一步叙述之前，让我们总括一下上节讨论的结果。一个公司的利润限界是

$$q' = (c_1' - r_1')$$

其中r_1'已用我们在第 12 节说明的系数修正过。整个经济的利润限界是

$$Q = \sum w(c_1 - r_1)$$

其中差额是由把各个不同经济部门中的差额$(c_1 - r_1)$加起来得到的。在加的时候，各个公司的差额$(c_1 - r_1)$要按照投资反应系数加权。当$(c_1 - r_1) = 0$时，没有新的投资，这是隐含在魏克赛尔讨论中的。这个公式适用于整个经济的副本——魏克赛尔的均衡条件即综合的净新投资额必然是零——可写为 $Q = 0$。应当注意，Q

可以解释为在整个经济中对投资利润机会的一种一般化量度。同时,它也可以这样解释:它是净新投资总额的一种实际量度。在这个均衡条件表述下面的,是魏克赛尔的假设,即在无利润情况下净新投资是零。

魏克赛尔的观念是,在这一种情况下,价格体系积累过程中没有从这一个方向或从另一个方向背离均衡的趋势。然而,这种作为基础的假设是很特殊的,现在必须反对它。

刚才暗示过,这种基本的假设是,当预期投资利润是零时,企业家们的投资正好代替旧的已经耗损的实际资本,不再试图做新的投资。这个假设从未明确说明,但能够推论出来。它适合于一种体系,在其中整个体系的利润限界被认为是相等的,在均衡时无论何处都是零,同时只要有极小的利润限界就会诱使企业家扩张投资。由于考虑到实际存在的利润差别,我们已经抛弃利润限界均等的假设。既然货币理论是对全部价格体系作总括的考察,那么,我们就必须特这些不同的利润限界合并成为一种能说明全部体系利润情况的东西。这样做的时候,我们使用一种加权的办法,这种加权办法是由魏克赛尔货币理论中利润限界的作用——即它是对投资的一种刺激力——所规定的。因此,我们得到上述的公式 Q=0。然而,我们现在必须问的是,为什么利润率为零的情况就意味着货币均衡。

当分析只限于静态情况时,这一基本观念自然是全部理论结构的基础。因为这种分析的许多抽象假设之一,即是当预期投资得益和损失为零时,企业家的投资正好代替旧的实际资本,而并不增多资本。另一个假设是没有新的储蓄。由于这两个假设,从货币观点来看,静态体系仍然是均衡的。但是,正如已经提到过的一样,不需要一个在静态下的货币理论;根据定义在那里一切都是在均衡状态中的。相反,魏克赛尔的理论是要为研究遭受各种变化影响的动态体系中所发生的问题提供分析工具。在动态研究中,由于下述的理由,所谓缺少新投资是货币均衡一个必要条件的假设,其真实性是可怀疑的。

第一,在动态下,由于技术知识的增加和生产成本计算中的相对价格的变动,建造实际资本的技术是不断变化的,这时在理论上在重投资和新投资二者之间不可能有一条严格的分界线。[①] 在理论上,投资总额必须和可供利用处理的资本总额比较,它不仅包括新的储蓄而且还包括减债基金。[②] 第二,在动态下,新储蓄不能被认为是零。某种新的储蓄或者特别是资本消费经常在进行着。而且没有理由认为在货币均衡下储蓄一定是零。这就是说,即使新投资额能够估计出来,人们也不能假设投资正好为零的情况是和货币均衡相适应的。因为假如正号的新储蓄继续进行着,那么,第二个均衡条件便不能得到满足。第三,在动态下,当利润限界为零时,不能认为所有的企业家都把他们的投资活动正好保持在更新原有资本的水平上。他们的反应从这一工业到另一工业在某一方向上可能有很大的差别。总之,我们必然达到这一结论,即把货币均衡和利润率为零的情况等同起来的基本观念是不能得到支持的,因此,即使是最后提出来的均衡公式,也必须加以改造,以便能

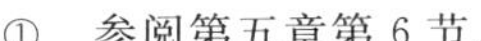

① 参阅第五章第 6 节。

② 参阅第五章第 5 节。

和魏克赛尔货币理论中的均衡观念隐含的任务相适应，这全部就是我的准则。

16. 第一个条件的确定性依存于第二个条件

为了寻求用来最后改造魏克赛尔第一个均衡公式的原则，我们必须用他的第二个均衡公式作为我们的前提，并从资本市场均衡的要求来推测利润的均衡。这个第二个货币均衡的公式将在下章作更详细的分析。在这里我们只初步说明，资本市场的均衡意味着投资总额 R_2 正好与可供处理与利用的资本总额（W＝S＋D）相等。[①] 因此，和货币均衡相适应的利润限界，乃是**各种不同公司的利润限界的复合体，它正好刺激能够由可供利用处理的资本来照管的总投资额**。

在每一个公司中，投资额是它的利润限界的函数：

$$r_2'=f(c_1'-r_1')=f(q),$$

这个函数的形式依照上面讨论投资反应系数时的各种情况而有差异。

就整个经济来说，

$$R_2=F(q', q'', q''', \text{等等})。$$

在货币均衡时，$R_2=W$。

我们现任深入到资本市场的问题中。我再度着重指出，本章的全部讨论是对魏克赛尔的第一个均衡公式，即是他那认为货币

---

① 参阅第五章第5节。

均衡可以被说明为“自然利率”正好等于“货币利率”这一条件的说法，给予含蓄的批判分析。我曾指出：(1)“自然利率”必须重新解释为在包含有货币和信用的体系中的获利率；(2)这种获利率必须是计划投资的收益率；(3)表示“自然率”与“货币率”二者差额的利润限界同样可以用计划实际投资的资本价值与生产成本之间的差额来代表；(4)这种最后的关系(具有某些接近性)，可以用实际资本价值与旧资本货物再生产成本二者的关系去代替，为了实践上可以测量的理由，这种改造必须要做；(5)即使经过这样重新解释，不同经济部门的利润限界仍是很难确定的；(6)为了要给整个经济的利润限界一个总的表述，它们必须用投资弹性来加权；(7)最后，在动态下，零的利润限界不能是货币均衡的标准，而代替这个标准的是刺激投资使其足够实现第二个均衡公式所指的均衡的利润界限。在这种含蓄的分析中，这一指导原则常常就是魏克赛尔的主要理论。

因此结论是，魏克赛尔的第一个均衡公式是不充分的。要决定它必须联系到第二个。从另一观点来看，第一个公式对投资量的原因——根据获利率——做了比较深刻的讨论。因此，如从正面叙述货币理论，这种分析应当是从第二个公式开始而不是从第一个公式开始，同时应当将本章所讨论的获利率问题，当作是试图对资本市场公式中只是很抽象地表述的因果关系，给予一个更为深刻的说明。我们揭露魏克赛尔理论中所固有的矛盾与困难，无非是要指出在魏克赛尔的理论中，可以和关于资本市场的公式的因果决定的正面分析互较短长的东西，恐怕是不很多的。然而，本书作者认为魏克赛尔理论的基本部分仍然是有效的。

本书所用符号的注释

属于个别公司的数值用小写字母来代表。整个经济总数值用大写字母来代表。

现有实际资本及新投资的资本价值和生产成本被解释为时间起点的贴现价值，与单位时期无关。其余所有价值都是事前计算的，即是在时期起点上对一个给定的时期所预期的价值。

e——净收益。

b——总收益。

m——属于参与合作的生产手段的总营业成本。

d——被解释为预期折旧减升值的价值变动。

i——市场利率（利息的“货币率”）。

y_1——现有实际资本的收益率。

y_2——新投资的收益率。

r_1——现有实际资本的再生产成本。

r_2——新投资的生产成本。

c_1——现有实际资本的价值。

c_2——新投资的价值。

q——利润限界。

S——储蓄本身。

W——可供处理的自由资本（S+D）。

小写字母上的符号（′）用来区分属于不同的个别公司的价值。

写在字母下面的 1 和 2 分别指出现有实际资本或新投资的价值。

写在$\sum$下面的 w 与大写字母的意义无关，它指出一个经过加权的指数。

第五章　货币均衡的第二个条件："储蓄"与"投资"

1. 魏克赛尔理论体系中的第二个货币均衡条件

魏克赛尔用来决定货币均衡的第二个标准与资本市场的情况有关。当货币利率促使储蓄的供给和需要二者均衡时，我们说这个货币利率是"正常的"，用现在流行的说法，即"储蓄"与"投资"相等。根据魏克赛尔的意见，这点含有"货币利率"保持在"自然利率"水平上的意义。假如货币率降落在"自然率"之下，资本市场的均衡也会受到破坏；那时，投资超过"实际储蓄"所能容许的实际资本形成的总额。除了银行券发行数量逐渐增多，或是它的流通速度逐渐增快，或是二者同时进行外，还必须以膨胀银行信用的形式来创造"人为的购买力"。另一方面，假如"货币率"高出"自然率"之上时，便有相反的情况发生。依照魏克赛尔的意见，在两种情况下，积累过程都会从这一或另一方向发生，这种过程我们已在第二、第三两章中指出了。魏克赛尔利用利息的"货币率"与"自然率"二者之间的关系，把它的货币理论联结在价格形成的中心理论上。当完成他对资本市场的分析这一研究之后，魏克赛尔试图将他自己的说明和老的数量说联系在一起。数量说本身由此深入了一步，但同时在理论上某些方面也受到修正，事实上，已经不能算作是货币理论了。因为解释重点已很明确地由支付机构的表面——数量说就是局限在这种表面之上的——转移到较深的价格形成的中心理论上面了。我们对魏克赛尔货币理论与数量说之间的关系不拟深加讨论。

要指出魏克赛尔正常利率的第二个定义在理论上的目的和任务，这些只不过是导论。魏克赛尔本人对这第二个公式只是很松弛和很含糊地加以表述。但是，假如遵循魏克赛尔主要论证来进行内含的分析，这里也可能得到魏克赛尔在更仔细地思考时所将作出的说明。进行第二个均衡公式的分析，是更加重要的，因为在上章之末我们已经得到结论：只有第一个均衡公式是不完全的——除非在魏克赛尔所作的极为抽象和不现实的假设之下——它必须以第二个公式为基础。从货币理论的观点来看，第一个公式的任务只是说明资本市场中为什么和如何保持或不保持均衡的问题。但从价格形成中心理论的观点看来，第一个公式的任务是要能够把货币理论包括在它自己的结构之中，特别是包括在资本和利息理论中。

2.“储蓄”

魏克赛尔在讨论第二个公式时，所以含糊不清是由于这一事实：他从没有真正说明他所指的储蓄和投资——照他习惯的说法是储蓄的供给和需要——究竟是什么，同时对这个关系与上章所讨论的利润关系之间的联系也表白得不够清楚。

我们暂时从这一基本定义出发:投资,或是“对储蓄的需要”,就是实际投资。[①] 此时,问题只是储蓄或“储蓄的供给”的意义是什么。

在开头有一件事是清楚的,即是当魏克赛尔谈到储蓄时,他指的不是也不能是“实际资本的投资”。他对资本市场的全部分析的基本观念是投资与储蓄是不能等同的,但是它们是能够比较的。因之,在既定的情况下,它们可以相等,也可以不相等。第二个均衡公式说:当它们相等时,也只有当它们相等时,价格体系是处于货币均衡情况;否则,价格体系必然上升或下降,其动力由差异的符号和大小来决定。

投资与储蓄不能相等的观念,在魏克赛尔全部理论中是很基本的东西——而且如我们已经指出的一样,对于着重实际的人也是很明显的东西——所以使人感到惊奇的是魏克赛尔没有更加明白地把它着重指出来。相反地,魏克赛尔和他的多数学生常常这样写,好像他们所指的储蓄,是某种比传统定义中所说的储蓄是净收入中未消费的部分更为“实际”的东西。甚至在关于货币的论证中,储蓄这个名词,常被描述为“把生产要素从消费财货生产转移到实际资本生产上”,同时,“资本形成”(Kapitalbildung)这个名词,常被用来代表“储蓄”和“实际投资”。在这里又错误地整个从相对价格中心理论中承受了一个观念,在其中货币问题被抛开了,因此就不需要区分什么储蓄和实际投资。

① 关于“投资”的可能定义见本章第 6 节。

现在必须了解：假如储蓄是要和实际投资区分开来，那么正是在货币分析中，储蓄的“实际”定义是不能用的。必须要有这个区分，因为魏克赛尔的货币理论就是研究这二者之间的一致或分歧的。他所提到的、里面表现着“储蓄”的生产过程本身中的变动，从需求的观点来看，只不过是实际投资。即使这种变动意味着自然利率与货币利率之间不存在均衡状况，如在魏克赛尔的积累过程中一样，但是“实际储蓄”和实际投资之间仍是完全一致的，因为这两个名词表述同一事情。因此，储蓄的这一“实际”观念，不论它在其他方面是如何有用，但对于说明货币均衡的标准却是没有用处的。在这点上，我们也许会看到，储蓄与投资二者在账簿上事后表现的平衡，完全是另一个问题。[①] 增加储蓄本身并不意味着或是能引起生产走向更资本主义方向的变化——一般是恰好相反的。事后平衡并非由于投资的相应增加，而是由于一些损失而达到的，这些损失消除了事后所要计算的部分收入，因而消除了这些收入中未消费部分中的一部分，即储蓄——原来就假设的一种增加。

因此，在现代文献中，如果我们想将储蓄和实际资本形成二者区分得更一致一些，我们就只能说“储蓄”是收入的一部分，即是在消费财货需求中未被使用的部分。在这里和以后，“收入”这个名词和上章所说的“净收益”为同义语。魏克赛尔的理论是，储蓄和实际资本形成不必须联结在一起；储蓄者不消费他的全部货币收入的决定，和企业家用他自己的或他人的资本进行实际投资的决定，这二者之间是价格形成的全部过程，特别是在货币理论中研究

① 见本章第14—16节。

的所有价格形成的关系。但是，这样，在实际资本形成中有些和储蓄直接适应的"实际"的东西的说法，当然已被放弃了。**从资本市场的观点来看，储蓄与投资的这种区分是魏克赛尔所首创的现代货币理论的实质。**

3. 预期的改变：一个抽象的例子

确定储蓄这个名词以后，下述问题便随之出现。实际投资和储蓄均等的意义是什么？这个均等是否决定货币均衡？和在我们全部含蓄的批判中一样，用来分析这个问题的标准是魏克赛尔货币理论的基本假设。

我首先用一个很抽象的例子来说明这个问题的一面。选择这个例子并不是要用来适应任何的现实情况。它的唯一优点是能够在这个问题被人忽视的角落上投射一线光明。和通常一样，假定一定经济的资本市场上完全处在货币均衡状态——这并不意味着静态，而只是不存在向这一或另一方向发展的积累运动。现在没有发生任何的事情，只是企业家由于某些理由，对他们的实际资本的未来收益，很有些更加乐观的想法。再假定货币利率被直接提高，以致不论企业家对未来收益有如何更大的乐观想法，它都足以使资本价值保持不变。[①] 但是即使资本价值因此保持不变，在价

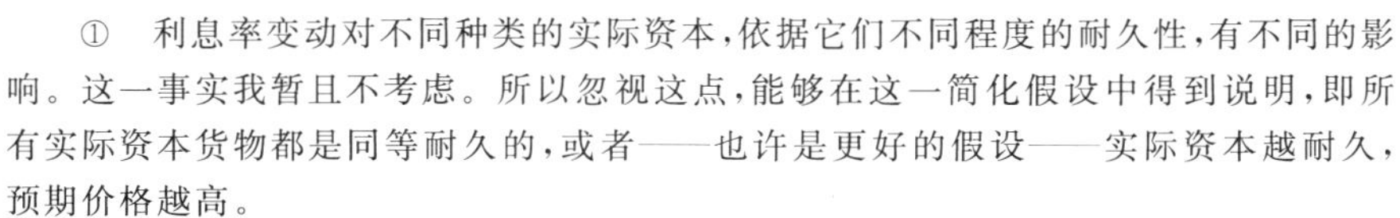

① 利息率变动对不同种类的实际资本，依据它们不同程度的耐久性，有不同的影响。这一事实我暂且不考虑。所以忽视这点，能够在这一简化假设中得到说明，即所有实际资本货物都是同等耐久的，或者——也许是更好的假设——实际资本越耐久，预期价格越高。

格预期有了变化以后，实际资本的净收益比之以前也有所提高。净收益增加，是因为需要从总收益中减去的预期价值变动率减小了，也即是由于实际资本折旧而引起的成本变小了，或是由于实际资本升值而获得的收益变大了。[①] 净收益的增加是无须解释的，即使没有明白地将折旧与升值项目引入到收入计算中。不能否认，更乐观的价格预期是趋向于使资本价值增加的。根据我们的假定，为了要保持资本价值不变，利息率既经被提高，则较高的利息率必须根据不变的资本价值计算。没有理由可以证明其他的收入有所减少；因此，社会的总收入必然有所增加。现在我们再进一步假设经济主体总的说来在增加的总收入中用来购买消费品的数额仍然不变。这便意味着作为未被消费的收入的总储蓄有了增加，其增加额与总收入绝对增加额相同。

在所说的假设之下，消费品价格水平将发生怎样的变化呢？什么变化都没有。没有理由可以说明消费品生产会发生变化。因为总收入中用于消费品的部分仍将不变，消费品价格水平也仍将不变。资本价值和工资没有变，资本收入以外的其他各种收入也都未变。由于货币利率与变化后的预期和变化后的投资收益率保持一致，所以对于投资没有额外的刺激。

因此，实际投资将和以前完全一样，以相同的速度在同样的生产部门中进行，但储蓄则将增加。那么，我们便会得到很奇特的情况，储蓄增加了，但是总投资额仍然不变，所有一切都和货币均衡

① 折旧率之所以变小，一部分是由于有更乐观的价格预期，它要求减少的价值较小；一部分是由于假定的利息率的增加。参阅第四章第 4、5 两节；第五章第 7 节（脚注）和第 8 节（脚注）。

条件适合,因为利润限界没有变化。

4. 对储蓄观念的进一步讨论

在这点上读者可能提出下述反对意见:“这一论证所引出来的结论,只是根据这个事实,即在所选择的例子中,收入是以价格预期为转移的。因此企业家更乐观的预期便意味着收入的增加,不顾产品总额并没有增加这一事实。由于储蓄被解释为未被消费的这部分收入,因之储蓄必然作为价格预期变化的直接结果而有所增加。但这不能是正确的。由于上述理由,即使为了使储蓄和投资能够完全分开,储蓄必须联系到收入来解释,但对收入的观念因此对储蓄的观念,仍然可给予比较‘客观’和比较‘实际’的内容;最少,这里包含着使储蓄的观念不依存于价格预期的纯主观变化的意义。所以,上述例子所作的证明等于没有证明。因为从‘比较客观的观点’来看,当生产和消费这两个过程仍然和过去一样时,便不能说储蓄有了增加。”

对于这点,我这样答复:耐久物所得的收入,只能用一种归属(Zurechnen)到实际资本耐久期内所包括的各个不同时期的方法来决定。这种归属方法也必须考虑到未来的价格和各种数量。假如人们想把收入理解为是与单纯消费有所不同的东西,便必须做这样的归属。但是后者不能意味着把储蓄解释为未被消费的那部分收入。对一个时期的收入所由获得的那个时期进行特殊归属的结果,因而连同收入本身,是由利率和所有价格预期决定的,而利率和所有价格预期是按照上章我们所解释的方法计入总收益和总成本之中的。现在的收入对未来价格预期的依存性，在理论上表现在对预期资本价值变动率（折旧与升值）的分析上，在现在和未来之间的特殊归属中，我们必须用它来计算。只要储蓄与收入有关，只要给它一个“比较实际”的定义使它和生产变化等同起来的企图一经放弃，任何“比较客观地”——或者是“纯技术地”，即与价格预期变化无关地——来决定储蓄的企图，立即没有理由了。

即使在现实生活中，这种主观决定的对各个不同时期的归属完全是“凭感觉”来做的，然而它是做了，而且预期实际上决定所研究的时期的收入总额，因而也决定储蓄总额。只要承认在动态情况下，预期的变化对收入有一些影响，就足以把储蓄的观念从“客观”的范围内消除出去。就我所知，只有一条途径可用来真正建立这种客观的技术上的储蓄观念：必须认为储蓄和投资是相等的，如同基本交换理论中所述的一样，在这里依照定义是不包含货币问题的。但这样的储蓄观念，我们已经说过，对货币分析是没有用处的，在货币分析中，要研究储蓄与投资之间不一致时所发生的影响。

我要再说明一点。使收入（和储蓄）只是依存于某种“客观地被推动着”的，或是只与“纯技术情况”有关的价值变化的预期，并不能“更客观地”决定储蓄的观念。从影响资本投资获利率和影响货币均衡形势——它是决定性的标准——的观点看来，不论预期的变化是否客观地决定的，都毫不相干。不论预期的变化是否以对未来事态发展和对有关的实际资本参与的未来生产技术过程的结果是重要的纯技术情况（正确的或错误的）观察为根据，也不论这种预期的变化是否包括于未来价格预期的变化，并没有什么分别。所有的预期(上章已经阐述过了[①])，在对净收益率和资本价值二者的决定上都是起着作用的。

可作为消费或储蓄目的用的我们现在的收入，它的大小就这样最后取决于我们自己的、将现在联系到未来的主观计算，这一事实在说明繁荣与萧条上是值得加以注意的。因此，在某种条件下，人民可以利用的收入会发生骤然的下降或上升，结果他们的消费和储蓄也会随之发生下降或上升，即使所谓客观的情况并没有能证实这种变化。

5. 第二个均衡条件的说明

现在我们回到我们的抽象例子上，并问：增加储蓄会发生什么结果？既然要维持货币均衡，增加的储蓄必须在某处投资。从魏克赛尔的货币理论的观点来看，在错误的投资观念的定义的后面，不是隐藏着逻辑上的错误吗？

某些可能的情况，是能够排除的。例如，储蓄的剩余并不用作抵充资本得益。第一，在所选择的例子中并没有资本得益，因为货币利率被假设为已被调整得使资本价值能保持不变。第二，得益与损失的标准——第四章中已经说明——规定它们是不能用储蓄或资本消费来抵充的。

还没有说明的储蓄的剩余代表在预期变化之前和预期变化之后都是正确的价值变动项目之间的差额。这一储蓄的剩余是被

① 参阅第四章第4、5和7节。

"投资"于增加升值或减少折旧。

假如把这种价值变动的减少当作是"投资"的增加，而且把这种"投资"和实际投资等量齐观起来，那么，当然即使在这种情况下，储蓄的供给和需要之间的适应在货币均衡下将会存在。但是，那时不仅实际投资的增加会引起"储蓄需求"的增加，而且升值的增加或折旧的减少同样会引起这种需求的增加。假如同意投资的这一定义，结果，必然要考虑"负的投资"这样一个奇特的概念。假如预期发生变化后引起增高的折旧率，负的投资便会发生。在所选择的例子中，假如价格预期的变动方向是负的，即是假如企业家变得更悲观了，而同时货币利率又相应地调低，那么，这种负的投资便会发生。

所以，魏克赛尔的资本市场的均衡条件可以正确说明如次：如果货币利率能促使储蓄与总"价值投资"(value-investment)二者相等，则这种货币利率是正常的。在这里，"价值投资"必须解释为实际投资总额加上升值和减去折旧。假如要使等式的一方完全是实际投资而不是储蓄，那么，第二个均衡条件可说明如次：如果货币利率能使实际投资总额与储蓄加上实际资本预期价值变动总额(即是加上现有实际资本的预期减少的价值，减去它预期增加的价值)二者相等，这种货币利率就是正常的。后一说明似乎更自然一些，在以下讨论中，我将以此为基础。

在这一等式中，实际投资总额 R_2 可与我称之为"等待"(waiting)或是"可供处理的自由资本"(free capital disposal)的数值 W 比较，W 除了包含储蓄本身 S 外，还包含预期价值变动这一项目，即折旧减去增值，即 D。这种可供处理的资本 W，从私人企业家的观点来看，在这个意义上是"自由的"，即除了收入中用作储蓄的部分外，他不需出卖或抵押他的实际资本，便能处理投资财产价值的一部分，其数额正好等于折旧减除升值。因为折旧和升值只不过是计算项目，将它们从总收益减去营业成本后的余额中减去或加上，只是为了使净收益（=收入）根据定义能和利息的概念一致。[①] 因此，根据个别企业家的实际资本的性质，可供处理的自由资本总额可以多于或小于他——他的收入和消费是已经确定的——决定用来增加或减少他的财产的总额。在资本市场中，不仅储蓄而且还有折旧减除升值后的余额，共同构成"等待的供给"(supply of waiting)。"可供处理的自由资本"，假如这个观念经过这样修改，使它能适合于非静态的分析，那么，它就会和正统理论中的"工资基金"(wage fund)是一致的。

因此，魏克赛尔的第二个均衡公式应写为：

$$R_2 = W = (S + D)。$$

6. 实际投资必须当作总投资

在这一均衡公式中，实际投资已经被认为一个总的数值，这点必须记住。因此，投资包括"再投资"和"新投资"。当有人和货币理论家所常做的那样，只考虑那一部分代表新投资的投资时，他便应当同时考虑在等式的另一端，只有那部分代表折旧减去升值以外的增量的可供处理的资本，才是可供这个时期使用的。因为新

① 参阅第四章第4节。

投资意味着实际资本的增长。

然而，这一连串的想法至少都是人为的。因为只要在价格形成的分析中放弃静止的或半静止的形态，仅从总投资额减去实际资本的预期价值变动，就能在理论上区分出新的实际投资和再投资。但是这样做，人们就会在新投资的概念中，再次包含他因只谈储蓄与新投资而要排斥的项目。由于我们只能把折旧与升值当作价值合计，同时由于它们必须从总投资额中减去，才能得出新投资来，因此后一项目也必须被认为是价值总额（$=R_2-D$）。换句话说，不可能在实际资本构造中，分出一个具体的数额作为能够从所有投资总额中拣选出来，并能够和再投资区分开的新投资。

一般说来，这一观念是这样的：新投资是指那一部分总实际投资的生产成本，它超过了为保持现有实际资本的（实际）价值不变所必需的实际投资的成本。当一般价格运动正在进行或预期它要发生时，如用货币单位来表示新投资和再投资的资本价值，其理论结果是和半静止的研究方式的意图相违背的。如果要使货币单位的价值变为固定不变的“货币价值”，由于包含在任何指教计算中的纯习惯因素，那只是使这两个概念更不能成为整体中比较具体的部分。货币价值的任何决定都要通过指数计算，或是像魏克赛尔和林达尔那样，将它联结在消费财货上，或是像达卫逊那样将它联结在生产财货上。但是最重要的是，折旧与升值并不由当前情况的现行价格来决定，而是由预期未来价格来决定的，这些未来的价格很难包括在指数计算中而不空幻地增加它们观念上的模糊性，更不要谈这些价格预期的决定中统计的不可靠性了。所有这一切的结果，说明要从实际投资中分出一部分来使它代表和其他投资区分开来的新投资，那是不可能的。

在静态或半静态经济中，要把新投资和投资总额中相当于技术生产上耗损的和代表现有实际资本的减债基金及更新的那部分区分开来，当然是可能的。在纯静态经济中，新投资和储蓄二者都必须是零。所有实际投资也就是再投资。可以想象在价格形成的半静止形态中(1)变动的是这些种类和数值，它们对价格的影响相互抵消，因此价格保持不变(例如在马歇尔和卡赛尔的"均匀扩张的经济"中)；或是(2)这些变动对价格的影响并不相互抵消，但是它们完全可以预知而且是确定可靠的。[①] 在这种价格形成的半静止形态中，储蓄和新投资不能都是零。但是再投资仍然能够从新投资中区分出来，而后者的价值当然完全和储蓄一致。其所以必然如此，是由于这些假设都是被包括在一般均衡观念中所包含的那些假设，而且这些假设在纯货币均衡的假设以外，也都必须获得满足。在这些价格形成一般均衡的假设下，再投资和价值折旧摊提(value-amortization)能够在技术基础上来计算，并且能够合理地区分开来，因而可以集中注意力于储蓄和新投资。但是在价格形成的这些静止的或半静止的形态中，根据假设，并不存在任何由于储蓄与投资不相等而发生的货币问题。

假如在货币理论中，人们有时谈到储蓄和新投资，那是从一种错误的静态类推出发的。因为，那时他已或多或少地明白假定新投资和再投资在技术上可以真正区分开来。但实际上这是做不到的。在我们上面所叙述的均衡公式中，实际投资的总数值等于储

① 参阅缪尔达尔：《价格形成问题与变动因素》，第 67 页。

蓄加折旧减去升值，这个均衡公式包含各种我们可以说出来的东西。说明新实际投资的净额的均衡公式很容易表述，只需从公式两方扣除折旧减去升值便是了。新的“实际投资”便这样被转变成为我们上面所说的“价值投资”，即是总实际投资额加上现有实际资本的升值额减去它的折旧额。从这里我们可以说明新的“实际投资”只能用**价值额**来代表，其数值的大小随着升值率和折旧率的变动而变动，即使总的实际投资保持不变。换句话说，新投资只是实际投资价值的一部分，它的价值和它在总额中所占的比例是依存于价格形成的可变的量。这些可变的量，只能与作为整个经济体系研究的一部分的价格形成本身一起来决定，在这里主观预期起着决定性的作用。

在以后，关于实际投资，我经常指的是总的实际投资额，不区分为再投资和新投资。

7. 利率不变的情况

这样把第二个均衡公式 $R_2=W=S+D$ 说明清楚并使这个观念所包含的内容更加明确以后，我们已为这一问题的进一步分析，扫清了道路。现在我们回头来从魏克赛尔第二个均衡条件的观点来弄清均衡和不均衡的结构。我再重述一遍，在这个抽象的例子中(第 3 节)，尽管预期有了变化，但货币均衡的条件是得到满足的。这是可能的，因为可供处理的自由资本的两个组成部分——即是储蓄，它是增加的，和折旧减升值后的余额，它是减少的——正好是等量地但是方向相反地变动着，因此总额仍然不变。另一方面,实际投资也是保持不变。因此,预期的初期变动并不引起均衡位置的扰乱。但这只是由于我们所做的某些假设:(1)没有发生其他的主要变动,(2)储蓄虽然增加但消费量保持不变,(3)货币利率被提高得恰好使资本价值保持不变。我们现在放弃这些假设,首先放弃最后一个,来考察在失去均衡时我们第二个均衡公式中的各个项目是怎样变化的。

和以前一样,假定开始时有一个货币均衡情况,$R_2=W$。然后,和前述的情况一样,发生了使企业家对实际资本的未来收益率更加乐观的变化。因此,假使和我们现在假设的一样,货币利率保持不变,则资本价值增加。资本收入也增加(在较高的资本价值上得到同样的利率)。[①] 再假定,和前述的情况一样,经济主体对消费财货的需求所提供的购买力仍然不变。此时,和从前一样,储蓄增加,其数额等于收入的增加额。然而,在这种情况下,立即发生某种资本得益,它既不直接是收入,也不直接是储蓄。收入和储蓄增加的数额,只相当于由于资本得益而引起的资本价值总额增加部分的利息额。在开始时的情况,消费财货的价格水平没有变动的趋势。没有变化的消费财货的供给,面对着没有变化的作为需求的购买力。收入的增加往这方面为储蓄的等额增加所抵消。

现在我们来看资本市场中的我们的均衡公式($R_2=W=S+D$)的各个项目,明显的,储蓄增加了,但是折旧减升值的余额减少

① 如其他情况不变,资本收入不能像前一情况中增加得这么多。在这一情况下净收益增加得和以前一样,这是由于折旧减少了,但是在这一情况下折旧的减少只是直接由于预期更加乐观,并非和在前一情况中一样是由于利率的增加。参阅第 3 节注和第 8 节注。

了。由于我们让储蓄增长，使它增长的数值恰好等于收入增加额，同时由于收入之所以增加只是因为折旧减少和升值增加，明显的，我们称之为可供处理的自由资本的总额，仍完全保持不变。

在等式的另一方是实际投资。它立即有增加的趋势。因为在所有的公司中，由于资本价值增加的结果，利润限界 q＝(c－r)提高了，将会刺激投资。均衡因之受到扰乱；增加投资的趋势，由于可供处理的自由资本没有相应增加的趋势，必须用创造购买力来满足，而这种创造的购买力，并没有可供处理的资本和它相适应。[①] 因此，这种投资的增加表明了一种朝向魏克赛尔积累过程向上发展中典型的生产方向移转的趋势。结果，生产财货的需求增加，它们的价格提高，新的收入使消费财货的需求也增加，同时——假如不再有可供利用的自由的生产要素——也会引起消费财货生产的减少和供给的减少。结果，它们的价格水平提高，而资本价值再度上升。在整个过程中，由于已述的理由，实际投资和可供处理的自由资本二者之间就会有了差异。

现在，再假设，在已给的假设下，在开始时，全部增加的收入并非都用作储蓄，而其中一部分是用作增加消费财货的需求。这个假设比前述的假设更为现实一些。储蓄仍是有所增加，虽然不是全部收入的增加额。在这种情况下，消费财货的价格水平在一开始时就表现出向上的趋势，这自然会加速魏克赛尔的

① 在事后计算中，我们将发现因增加资本价值而发生的某种资本得益；然而，这部分可供处理的资本的增加恰好相当于登记的实际资本价值的增加。这部分可供处理的资本的增加，不是由于储蓄的结果，换句话说，当它发生的时候，就已经受到束缚(见第 14 节)。它不代表可供处理的自由资本。

过程。

很明显,在这种情况下,从一开始就有一个趋势,通过等式两方相反的运动,扰乱实际投资与可供处理的自由资本之间的均衡。由于利润限界提高,实际投资增加了,可供处理的自由资本同时减少;因为储蓄虽然增加,但是它的增加并没有由于减少折旧和增多升值而产生的收入总增加额那样多。因此,储蓄总额加上折旧减去升值的余额,即可供处理的自由资本减少了。

8. 货币均衡由于降低利率而受到扰乱的情况

在所有我们已举过的例子中,主要变化都是预期的变化。为求其全,我们现在将讨论魏克赛尔的标准情况,以观察资本市场中此时均衡是如何出现的。这一情况是,一种货币均衡的形势(R_2＝W＝S＋D)由于降低货币利率而被扰乱了。

立即发生实际资本价值的增加。利润限界提高了,结果,在这开始的形势下,就出现增加实际投资的趋势。这样我们知道了第二个均衡公式中一个项目的趋势。

关于可供处理的自由资本,情况比较复杂一些。假如为了简单起见,我们首先假设预期没有变化,那么,降低利率便意味着折旧立即增加和升值立即减少。[①] 总收益减去参与合作的生产手段

① 这是非常明显的,只要想象企业家维持清偿基金,他对这一基金按期拨款用以维持他的资本不变便可知道了(因为我们的收入的定义包含扣除维持资本的基金以后的纯收入)。自然,如果我们认为清偿基金是在较低利率下积累的,则它的支付必须较大。

的成本的余额必须减少，其减少额等于这一期内所预期的实际资本折旧的增加额，同时为了求得收入，必须加上一个相应的较小的升值。[①] 在一开始的形势下，假定对总收益和营业成本的预期都是不变的。这当然意味着收入的下降。再者，如果我们现在假定在开始的形势下消费保持不变，那么，储蓄当然减少，但所减少的数额只是折旧增加与升值减少的部分。因此可供处理的自由资本仍然不变。在这种情况下，扰乱均衡的趋势完全是由于实际资本增加的趋势而来的。

假如现在预期也朝着乐观方向变化（当货币率下降以后，这是迟早必会发生的），假如消费维持不变，这种变化本身对可供处理的自由资本是没有影响的。因此，可供处理的自由资本保持不变，[②]但是由于预期发生了变化，促使利润限界提高到超过它在预期不变情况下应有的程度，这样实际投资当然受到进一步的刺激。但是，如果收入增加（它的增加是由于预期发生了变化），消费财货的需求也随之增加，那么，可供处理的自由资本下降，同时实际投资增加得更多。[③]

9. 由于储蓄增加而引起的货币均衡的扰乱

我们现在简略地转到文献中常常讨论的情况上，并问：什么是

① 参阅第四章第 4、5 两节。

② 由于预期的变化对可供处理的自由资本的两个组成部分——储蓄和折旧减升值后的余额——的影响程度相等而方向相反。

③ 参阅第 7 节。

增加储蓄的货币影响?我们再选择货币均衡情况作为我们开始时的形势,这种货币均衡是在资本市场中的均衡。在这一情况下,储蓄曲线变化了,因之总储蓄增加了。这只是初期的变化,它暗示货币利率和一般信用条件仍然不变。

在这一开始的形势中,除了储蓄增加外,我们有不变的折旧率和升值率——只要假定价格预期不变。因为开始时储蓄增加了,可供处理的自由资本同样也增加了。实际投资没有受到直接刺激(我们马上就可看到相反的情况很快就会发生)。很明显,增多的储蓄会立即破坏资本市场中的货币均衡;因为可供处理的自由资本增加了,但是实际投资没有增加。一种向下的魏克赛尔的过程就这样开始。

再者,实际投资不但没有增加,而且必然会有减少。因为增加储蓄,意味着减少消费财货的需求,必然使消费财货的价格有某种程度的降低。价格的下降必然通过影响预期倾向于降低资本价值;结果是利润限界向负的方向移动,这自然意味着实际投资将会下降。因此,资本市场中的均衡不仅受到可供处理的自由资本的增加的扰乱,还受到实际投资同时减少的扰乱。

一种向下的魏克赛尔的过程就这样由于增加储蓄而发生,在这里,十分矛盾地,储蓄的增加不断带来了实际资本形成的减少。这个过程不会停止,除非或是把储蓄减少到使它能和实际投资的水平一致(这意味着储蓄必须减少到它开始时的水平以下,减少额等于投资由于储蓄的初期增加而引起的减少额),或是降低利率并放宽信用条件,以提高资本价值和利润限界,使它足够诱使实际投资恢复可供处理的自由资本的水平。

10. 经济萧条过程已在进行时增加储蓄的情况

在本章所举的抽象的例子中，我们总是假设初期变化是在最初形势下发生的，它满足理论上的均衡条件。这个条件被界说为 $R_2=W=S+D$。我们这样进行纯然是为了简单与明了。但是我们的结论可以毫不困难地应用到没有满足这种条件的情况。自然，这一问题必须重新说明，使它能考察初期变动对于现有的背离货币均衡的情况所起扩大和削弱的作用究竟有多大。我们只就一种初期变动来进行论证。为此目的，我将参考前节讨论的内容，选择有关储蓄增加对于现有经济萧条所起加剧或是减轻的作用究竟有多大的现实争论问题。

假设如次：向下发展的魏克赛尔的过程已经进行了一个时期资本价值很低，因而实际投资继续落在现有可供利用处理的自由资本之后。在事后的簿记中，登录的是损失（见本章第 14 节）。现在的问题是，增加储蓄是否会加剧或减轻在这种情况下的经济萧条，其作用究竟有多大；即是它是否会增加或减少在动态体系中构成推动力量的负的利润限界，其增减程度究有多大。为了使人了解我们正在说的是什么，我们必须遵守一个严格的假定其他情况不变的研究方法，这就意味着，货币利率保持不变，同时银行在两种情况下一般地都采用同一的信用政策。

参考上述的理论，这个问题现在是容易答复的。增加储蓄首先而立即发生的影响必然是加速消费财货价格的下降。这必然又加速资本价值的下降,因为利率仍然一样。只有通过资本价值更迅速的下降和因此而来的实际投资更大的下跌,它才能对实际资本的生产成本有所影响。而且后者包含很多不易变动的价格,特别是工资,但是资本价值是很敏感的。因此,很明显,增加储蓄必然减少利润限界——或者宁可说是增加负的利润限界——因而降低实际投资。再者,因为新的储蓄一开始就增加了可供处理的自由资本,我们有两个理由可以说明资本市场比之以前有更强烈的失衡情况。因此,我们研究的结果是,在其他情况不变下,增加储蓄必然加甚经济萧条。

减少储蓄自然会有相反的影响。经济萧条的缓和通过三个相续的结果:第一,消费财货市场中价格保持不再下跌;第二,因之对于实际资本的生产成本来说,资本价值维持不变;第三,对于可供处理的自由资本额来说,实际投资量也不再跌落。

11. 改变信用条件的相反情况

要记住我们曾假定银行组织维持信用条件不变。全部中心货币分析是在自由通货(freie valuta)这一假设下来阐述的,这即是说,在这点上银行组织就能够掌握任何种类的信用条件;这本身要求银行组织能够满足所有的信用需求。否则,信用条件不变的情况是不能维持的,最少在这种绝对的和一般的表述中是不能维持的。

增加储蓄会减轻经济萧条,对这一影响的论据当然是根据这一假设,即增加储蓄比之没有增加储蓄时可能更加放宽信用条件,特别是降低利率。因之较宽的信用条件和较低的利率去支持资本价值和实际投资量。在这种情况下,增加储蓄的结果便会是减轻经济萧条,虽然我们申述过趋势是朝向加剧经济萧条的。

有人认为信用条件决定于可资利用的储蓄,因而否认前述两节其他情况不变的假设的可能性,这种论证意味着他不假定有自由通货。诚然,假如一国的通货和黄金联系或和其他国家通货联系,或者一国的中央银行只注意外汇率,那么,银行组织和我们上述的假设相反,不能控制信用条件。最少,当黄金和外汇准备都不十分充足,不能为全国信用政策提供足够的“国际余地”(international leeway)①时,那就会是这种情况。因此,将前两节的结论局限在一种情况下,在其中,通货是自由的②或者信用条件情况不变的假设是证实了的,那是完全正确的。

12. 相反情况的讨论

换句话说,在这两个相反的情况之间,没有理论上矛盾的存在。在自由通货和信用条件情况不变这种不现实的假设之下,增

---

① 参阅缪尔达尔:《财政政策的经济效果》(*Finanspolitikens ekonomiska verkningar*),1932 年斯德哥尔摩版。

② 特别是关于目前情况(1932 年春),必须着重指出在所述的这一意义上,没有一个国家有自由通货,即使已经放弃金本位的国家也没有。没有一个国家敢于实行一种不顾外汇汇率的货币政策。这或是由于纯粹的迷信;或是由于与“有利汇率”旧观念有关的国家荣誉的奇特考虑;或是由于不无理由的对外国报复的恐惧,例如反倾销关税等等;或是由于对通货膨胀的投机的恐惧;最后,也是主要的,或是由于所有这些不能分析为理论要素的种种动机的综合。

加储蓄会加剧经济萧条;但是在通货常常受到某种限制的比较现实的情况下,增加储蓄就会造成放宽信用的基础,因此去缓和经济萧条。

然而,对于这最后的论证,我们必须指出,即使它本身是真实的(见后述),也只不过是对抗加深经济萧条的主要趋势的一个相反趋势而已。在任何情况下,增加储蓄都必然会发生加深经济萧条的趋势,因为减少消费财货的需求,总会直接抑低它的价格,因此,不可避免地会降低资本价值。

但是,即使有受限制的通货(gebundene valuta),增加储蓄本身要使可供投资之用的信用大量增多和更为便宜,似乎也是十分不可能的。相反的情况倒是更为可能。因为经济萧条期中,可供处理的自由资本即使在储蓄增加以前就超过了实际投资量;从资本市场的观点看来,这是使经济萧条过程继续进行的真正力量。在向下发展的魏克赛尔过程的进展中,可供利用处理的资本量通常是会减少的,但是实际投资量会减得更快。即使没有额外的储蓄,仍有超过足够可供利用处理的资本。

然而即使有这种未使用的多余的可供处理的资本,在有限制的通货下,银行组织由于考虑到清偿能力,仍然会不去增加信用和放宽信用条件。既有剩余可供处理资本的存在,同时银行组织的清偿能力又不足——或是恐怕清偿能力不足——这是自相矛盾的现象,正是这个自相矛盾的现象才很容易地搞乱了这个论证。但是这个自相矛盾的现象实际上只是表面上的。清偿能力之所以缺少,是和银行旧债务上已遭受的和仍在遭受的损失联系着的,而且和他们预期未来资本损失更加密切地联系着。此外,它还和商业界由于同样损失的刺激要求增多流动资产有关。在这些情况下，“新储蓄”本身会使信用市场松弛。但是，由于储蓄减少消费财货的需求，同时加剧经济萧条并增加缺少清偿能力的原因，所以银行的清偿能力，或者对清偿能力的预感，因之它们增加信用和放宽信用条件的能力和准备，都会或者至少可能会受到损害而不是改善。在后一种情况下，通货是不自由的这一事实，会引起加深经济萧条的额外趋势，这一额外趋势会将它加深经济萧条的作用，加到通过消费财货需求的减少已经被感觉到的储蓄增加的直接影响上。

然而，这并不是说在特殊情况下，相反的情况是不可能的。例如，假设一个金本位国家处在普遍性的世界经济萧条中，并假设这个国家消费财货需求的主要部分被引导到进口货上去，或是最少能把由于增加储蓄而产生的消费财货需求的减少，用贸易政策或巧妙的宣传转移到进口货的消费中去。那么，消费财货需求的减少便不会引起这个国家资本价值和实际投资量的直接下降。如果现在在向这一国家输出货物的那些国家中，增加储蓄所引起的经济萧条的加甚，由于某些原因没有减少对这个国家出口货物的需求，那么，这个国家的信用市场自然能够缓和，增加储蓄会减轻这个国家的经济萧条，虽然它会加甚其他国家的经济萧条。

13. 第二个均衡条件的实际应用

如果均衡公式不仅使刚才例示的形态的一般论证成为可能，而且在实际能给特定情况下的货币发展趋势提供一个分析的工具，那就会是理想的均衡公式。因此，现在对于第二个均衡公式

$R_2=W=S+D$,就必须从有可能使它的项目在理论上更加确切和更加适合于观察这一观点上,来进一步加以讨论。

对实际投资作理论上的决定和实际上的观察,在原则上是不会碰到大的困难的。实际困难表现在这个事实上,即在特殊情况下,人们常常不能区分哪些是应被列入实际投资的支出,哪些是必须计入维持和修理现有实际资本的支出。假如把它们列在营业成本中,它们便不能同时被算作实际投资,以避免在均衡公式中的重复计算。在这里任何决定都必然是纯粹依从习惯的。然而,这个问题本身并不重要。因为当实际投资由于某些部分被计算作营业成本而减少时,公司的净收益,因之某些人的收入和储蓄,都自然会有正好相同的减少。假如没有这样做,并且他们实际上有同一的预期,虽然他们愿意将实际投资当作维持现有实际资本的成本来登账。则预期价值变动必然立即有一个相应减少的反应。在这两种情况中,总投资和储蓄加预期价值变动两方面之间的关系并没有什么改变。事实上,最后这一项——预期价值变动——包含我们即将讨论的全部困难。这种考虑指出,我们公式中 D 的大小决定于实际投资 R_2。二者是必须相互补充地来确定的。

关于实际投资,尚需补充的只有一点。在这种货币理论中,它必须根据以货币计量的新实际资本的预期生产成本来计算;它不能用在完成时期的它的预期的或实现的价值来测量。因为在这种情况下,预期的或是实现的投资得益已包含在实际投资中,这自然是错误的,因为只有决定从事实际投资时的实际预期成本,才能构成可供处理的自由资本的额外需求。

在实际上,等式的另一端 $S+D$,是比较难于确定的,虽然在抽象理论上它能够被确定得很清楚。这个理论在实际应用上的困难，自然是由于这个事实，即在原则上折旧减升值这一表述不能用或多或少是习惯上的减债基金因素去代表，后者是能够根据技术或是簿记去决定的。这点在前述抽象的例子中我们已经说明过。

但是，在实际应用上，如果仅仅是第二个均衡公式应用的问题，这个困难不如它表现的这么大（假如我们要研究第一个公式所指出的因果关系问题，这个困难就较大一些；参阅第四章第4、7两节）。价值变动因素的实际变化，例如折旧的增多，或是升值的减少，如果在一个特定的公司中不能用习惯的减债基金因素的相适应的变动去代表，自然，它只是意味着折旧被计算得太低了。但是如果同一习惯的减债基金因素，在计算净收益被用来代表预期的价值变动——即是用来代表 $e=b-(m+d)$ 公式中的 d——那么，收入因而储蓄也正好同样地被低估了。这两个差误在储蓄与折旧总和构成可供处理的自由资本时相互抵消，因此，可供处理的自由资本变成与应用在计算中的实际价值变动率无关。

因此，从纯应用的观点来看，第二个均衡公式的应用可能不遭遇到不可克服的困难，假如我们能够获得实际投资、储蓄和减债基金的统计数字，并很留心地不要将同一项目既算作实际投资又算作维持费的话。再者，我们必须有意识地从总收入中减去维持费（一项营业开支），并计算——用计算减债基金本身时所用的减债基金因素——净收益，从这里减去消费额便得到储蓄。实际上，这个问题还更简单一些，因为为着这个目的，可以完全不管公司的“内部资本形成”，这种数字无论在农业上和工业上都是难以从统计上得到的。然而，我们必须仔细，要使相当的数额不仅从投资中减去,同时也要从收入、储蓄和减债基金中减去,以使这些项目也都估计在相适应的低的数字上。耐久性消费资本的生产同样可以任意算作实际投资或者不算作实际投资只要收入的相当一部分被算作储蓄或被算作消费。

所有本节所述的简化,都是不需要有任何近似计算就可以做到的。均衡公式货币内容仍然是绝对正确的。这样,第二个公式——表明在货币均衡下可供处理的自由资本等于实际投资——在它的实际应用上变得相当简单。这点应当是十分重要的,特别是因为第一个公式在应用上最后不仅面临着很大的技术困难,而且它本身就是不确定的,只有从第二个公式加以推断决定,然后才有确定的意义。

14."事前的"和"事后的"应用

然而,我们还没有考虑应用货币均衡第二个公式的大的困难。根据前几章中严密考察过的理由,货币均衡观念总涉及特定时点上的情况的发展趋势。包含在其中的数量必须是事前确定的。

相反的,如果有人考虑过去时期内的实际发展情况,并将这时期内被吸收(投资)的可供处理的资本和已做的实际投资加以事后比较,那么他就会发现它们是相等的,不管过去时期中任何时刻满足货币均衡条件的情况是多么少,即使不管魏克赛尔过程在这一或另一方向的发展是如何强烈。对整个经济来说,这样的事后的一致是不辩自明的,因为如果不然,人们就必须计算一种在整个经济中没有被相应增多的个人债权债务所平衡的抽象的财产权利的增加，这种增加无论是直接地或是间接地都是和实际资本价值（或是现金）不相适应的。问题只是：这种事后的一致是如何来的？

这种事后的一致显然是通过得益和损失而来的。在前章中①我们曾区分三种得益和损失：

（1）资本得益和资本损失，它是由于企业家对于未来收益和成本的预期有了变化而发生的——因此现有实际资本的资本价值有所增加或是减少，虽然上期的收益和成本不变；

（2）收益和成本的得益或损失，它是由于期内实际实现的收益和成本表现出和以前预期中估计的价值有正的或是负的差异而引起的；

（3）投资得益和投资损失，它是新构成的实际资本的已实现的价值与其预期生产成本之间的差异。

在这三种的得益与损失中，只有后两种有助于使实际投资和等待二者事后趋于一致。

第一种得益和损失是现有实际资本的资本价值的变化，它在开始时就提高或降低了所投资本的账面价值；因为这种实际资本账面价值的记高或记低是可以直接做到的。在那种情形下，得益或损失不算作这一时期事后收入计算中的一个项目。另一方面，如果在这期内的收入中加上得益或是减去损失，则储蓄也会有同额的增加或减少。但是这部分事后储蓄必须被看作是投资于或反投资于资本价值的增加或是减少上。在这两种情况下，投资和可供处理的资本之间的平衡并不受影响。然而，这种得益与损失另

① 参阅第四章第6节。

有影响。它们引起在它们发生以后一段时期内价值变动额的增加或减少。但这种变动同时带来净收益因之也是储蓄的相反变动，使可供处理的自由资本仍然保持不变。因此，这些资本得益和资本损失不能代表可供处理的自由资本与实际投资二者之间事前差异的事后补偿。应加补充的是，假如簿记方法是这样：对价值变动项目并没有或只是部分地根据新资本价值加以修正，新资本价值可能没有作为已经变动的东西记入资本账户中，那么，结果是储蓄与事后价值变动之和仍然没有改变。这后一项目也计入已实现的收入和储蓄的计算之中。

至于第二种得益和损失就不同了。它直接从这一事实发生，即企业家实现的总收益与总成本与他们所预料的有所不同。这些得益与损失在事后计算中自然要算作收益和成本的因素，因之也是净收益和收入的因素。事后的收入和储蓄，作为簿记上一个明显的事实，是由于得益而增加和由于损失而减少的。

在向上发展的魏克赛尔过程中，这种得益往往超过损失；只要它们不引起消费财货的需求的变动，它们必须于事后算作储蓄。因此这种事后计算中的储蓄大于事前计算中的储蓄，其差额可以抵补事前计算的可供处理的自由资本和（在这一情况下）事后计算的较大的已投资的可供处理的资本之间的差额。假如过程是向下发展的，则损失占优势。事前计算的可供处理的自由资本大于事后计算的已投资的可供处理的资本，这个差额在这种情况下由损失补足。结果是已投资的可供处理的资本与事后计算的一个结束了的时期的实际投资二者之间再度取得一致。

用把第二种得益和损失包括在总收益、成本、收入和储蓄的计算中的方法，来求得资本市场事后的平衡，如此时期内消费财货的需要有很大变化时，这会变得更加困难(需要有较大的得益和损失来实现它)。让我们假设过程是向下发展的。消费减得越多，收入减少会使储蓄减得少些。然而，在这一过程中所发生的收入分配的移转，有利于储蓄较少的阶级，不利于储蓄较多的阶级，因之对这种消费的减少起着抵消的作用。按照消费被这种移转维持的程度，损失就不必变得像不是在这种情形下那么大，才能使可供处理的资本和实际投资价值之间求得事后所必需的簿记上的一致了。这即是说，那时经济萧条过程的强度不像在其他情况下那么大。

假如魏克赛尔过程是向上发展的，如同上述已谈到的一样，账目上的储蓄增加，它会消除事前计算的实际投资和可供处理的自由资本之间的差离。在消费增加得不那么多的情形下，得益也无须那样大，动态过程一般也不需要变得那样强烈。因此由于价格提高而来的收入分配的移转，有利于储蓄率相当高的阶级，它减低动态过程的强度。

然而，已投资的可供处理的资本与实际投资之间的平衡，不仅是由收益及成本的得益和损失来实现，同时在某种程度内也是由第三种得益和损失——投资得益与投资损失——来实现的。第三种得益和损失的发生是由于这期间内新构成的实际资本在准备使用时，比它的预计生产成本有更大的或是更小的资本价值。在这期间内构成的实际资本自然不是按预期生产成本的价值来登记的。从理论观点来看，“正确”的方法应当是按照准备使用时的资本价值来登记。在这两种价值之间有一种得益或是损失，包含(1)实际资本的预期生产成本和实际实现的成本之间的差额；(2)它的资本价值和它的实际生产成本之间的差额。

这两个因素中的第一个在机构中如同第二种得益与损失，即收益与成本的得益或损失一样，有同等的地位。不过它通常有相反的符号。在向上发展的过程中，当价格正在上升时，实际资本的实际生产成本和这个成本的预期价值之间的差额通常是正号，并意味着一个表现为已实现的可供处理资本的需求大于预期需求的损失因素。因此，这个损失因素必须从事后计算的储蓄的增加中减去，这种增加的储蓄是由于第二种得益而来的，我们刚才说它是促使已投资的可供处理的资本和投资二者间趋于事后均衡的工具。假如魏克赛尔的过程是向下发展的，情况就正好相反：由于这些损失而产生的储蓄的减少，其中一部分可为由资本构成成本减少所组成的得益因素所补偿；只有其余部分在建立事后平衡中才是活动的。

两个投资得益与损失因素中的第二个——即新构成的实际资本的资本价值和它的实际生产成本之间的差额——对于已投资的可供处理的资本和实际资本价值之间的事后平衡没有直接影响，因为它是计入等式的两方的。假如和通常情况一样，新构成的实际资本的价值是按它的生产成本来登录的，则在事后计算中，不包含这种得益与损失的因素。在另一方面，如果把实际资本价值和它的实际生产成本之间的差额加入本期的收入中，则事后计算的储蓄也会因此而有所增加，其增加额和投资增多的价值相等。

15."事后的"平衡

在任何时期中，已投资的可供处理的资本总额与实际投资量之间这种继续的和必要的事后的平衡必然发生，即使魏克赛尔过程存在，亦复如此。由于已叙述的理由，这点与这一过程中任何时刻事前计算的这两个数值之间继续存在差异并不抵触。这种对偶只是指出事后"簿记"和预期计算之间存在着一般的差异。事后"簿记"自然常常是"平衡的"，不论所发生的变化有多大，而预期计算假如这一体系不是在货币均衡中便不需要平衡。

然而，对货币分析有关的并不是这种已经完了的时期的事后簿记中的没有意义的平衡。而是实现这种事后平衡所需要的在这时期内发生的变化。一个时期中运动的动态问题本身，只能从某种价格情况中所存在的趋势出发，才能讨论，这些趋势是由在这一情况中占优势的预期所决定的。因为这些预期决定经济主体的行为，因之决定全部价格体系中那些在一个时期内实际上作为个人行动的结果而发生的变化。

必须着重指出这点。前面已经阐明，[①]将时间分成许多短的没有任何变化发生的均衡时期的分析方法，是不可能接近货币问题的。那样就必须把变化转移到这些均衡时期之间的没有时间性的过渡点上。在均衡时期中，也会有资本市场的均衡，而这个均衡不仅是事后的和由于我刚才讨论的那些变化，它只是出于假设。因为所有的变化都已转移到均衡时期以外去了。

但是这个计划是没有结果的，因为，我已经着重指出，正是夹在中间的变化——与较早时期的预期的背离——才是货币分析所关心的问题，而很明显它不能包括在这个方法之内。这个计划甚

① 见第五章第9节，参阅第四章第6节。

至是不可能的,因为刚才提到的假设并不可靠。当魏克赛尔过程发生时,资本市场的均衡只表现在回顾上,同时是由于所讨论到的那些文化,那些变化是在已经实行事后计算的那一时期内发生的。换句话说,这种“均衡时期”,不论是如何的短,完全是不能假设的。① 这个方法是在理论上不能承认的事前分析和事后分析的混合物。

16. 货币失去均衡的测量

将前两节讨论内容加以总结,说明在事后计算中所要遵循的分析方法,以便能从货币均衡的观点看出一个时期的特点,这样做是有用处的。这个问题能够更正确地这样提出:从事后计算中,用什么方法能够判定过去一个时期内货币均衡是否占支配地位?如果不是,这个体系向均衡形势的哪一方移动,背离趋势的强度有多大?为了避免含糊不清,这个问题所联系的时期必须极短,使它能够被视为非常均称,因而使平均数值可以有更明确的意义。假如这个时期包含商业循环的几个阶段,那这个问题自然是没有意义的。在多数情形下,甚至一年也是太长的。我们宁愿考虑一个月。

解决这个问题的方法,显然是要从事后平衡中消除那些能够有效地补偿事前不平衡的,而且在事前计算中又没有等同物的因素。这些因素是:(1)收益和成本的得益或损失和(2)投资得益与损失中的一部分,这一部分是构成实际资本预期生产成本和实际

① 《货币学说论文集》,见《经济学杂志》,1931 年,第 228 及以后各页。

实现的成本之间的差额的。当向下发展的魏克赛尔过程在进展时，第一个因素的净值是负的，但第二个是正的，总和是负的。在向上发展的运动中，情况相反。在货币均衡情况下，所述的得益和损失就整个经济来说，总和是零。它的数值的大小可以测量从一个方向或从另一个方向背离均衡趋势的强度。

假如作为一个近似的方法，我们假设所有的经济主体不断修改价格预期，使它们和现行价格一致，那么，某些得益和损失的总净额便比较容易计算。因此只需确定各部门中有关生产财货和消费财货的生产的成本因素，并记录价格移动。然而，这种接近方法，要作为一般的假设是不可靠的。由于缺少过去预期的正确指数，使一个完整时期的货币分析十分困难。

进一步研究这个问题可能还要在货币与信用流通中寻求上面说明的总得益和总损失的指标，即是分析支付手段数量和速度的变化。这种分析，必须从对上述问题的说明开始，比较事前和事后的计算，其中事前是指推动的因素，即每一时点上的趋势，事后是指随后登录的结果。在趋势与结果之间存在着需要研究的实际变化。这种支付机构的分析在性质上与货币数量说有很大的区别，因为它可以从价格形成更深刻的分析中得到它的全部的概念的工具和它对这个问题的说明，在这种分析中是要研究供求因果关系的。

如何使魏克赛尔的理论联系实际，重新说明他的公式，使它的项目可以观察可以测量(这一重要问题，我们不得不遗留下来不去解决)。我们没有隐蔽这些困难。从应用观点来分析魏克赛尔的理论以后，比之用其他方法，我们能够更有效地探索了他的研究方法中所固有的困难。我完全了解生厌的读者去倾向于相信，我们前面研究的主要结果是要证明这个理论本身的用处是有限的。适当的答复是，在这样多的关于货币问题的理论叙述实际上都追随魏克赛尔的思想，而又对他的理论所固有的基本假设没有十分弄清的情形下，即使是这个结果在目前也会是有些价值的。或者是货币理论的趋势正走入迷途，如果是这样，应当尽快地把它揭露出来；或者是和我们多数人所相信的那样可能使魏克赛尔理论变成能够应用的东西。因此，从逻辑上分析它的真实基础和揭露它现存的缺点，是需要完成的一项积极任务。

第六章　第三个货币均衡条件："价格水平"

1. 魏克赛尔体系中的第三个货币均衡条件

关于货币均衡形势的第三个决定条件，魏克赛尔希望把它联结到商品市场的情况上去。他说正常利率是正好维持制成品"一般价格水平"不变所必需的那种货币率。但是魏克赛尔对这个命题未能提供确实的证明。[①] 而且我就会证明这个想法是错误的。为了了解魏克赛尔为什么和如何作这种主张，我愿意在开始时提出一些引论，把这个观念和本中前面已谈到的魏克赛尔的其他观念联结在一起。

当然，魏克赛尔十分了解：他企图利用来把"正常利率"因而也把货币均衡形势和实际资本的收益率联结在一起的"自然利率"这一观念，对他的全部理论来说是绝对基本的。因为他用这个理论

---

① 货币利率和自然利率一致先须有不变的价格水平这一定理，在《利息与价格》中阐述得最清楚和最一致。在《讲演录》和许多论文中，魏克赛尔倾向于将这一理论局限在某些方面（主要是关于黄金生产和一般地关于所谓直接的通货膨胀）。但是就我所能看到的，他没有作出一个清晰完整可供选用的解释。在下面，我将采用前一著作中比较清楚的说明。

结构成功地将货币理论联系到利息和资本的理论,并由此联系到全部的中心价格理论。但是由于魏克赛尔所运用的一个理论工具——现在看来是十分陈旧的——使他把自然利率解释为物理的或是技术的边际生产率,因而他的全部说明仍然不完全而且有很多矛盾,这我已在第四章中指出了。自然率只是在十分抽象的理论的虚假世界中决定的,在这里除了其他特点外,还抛弃了信用现象并由此抛弃了货币利率。因此,魏克赛尔并没能把“货币利率”和“自然利率”联系起来。由于他已经确定了自然率的意义,这两个数值甚至在理论上是不能并列的。货币利率和自然利率之间的区别对魏克赛尔来说必然仍然是很模糊的观念。同时魏克赛尔并不考虑包含在第一个公式中的数值在统计观察上的可能性,而只有这种观察才能使他确定在实际情况中是否存在这种差异和这一差异是正的还是负的。[①]

魏克赛尔对资本市场关系的分析也没有更多的成功。因为他的基本观念“储蓄的供给与需求”仍然相当模糊,他没能把他对资本市场的分析推进到他即使是想直接放到统计资料上来解决的问题上。

然而,在这里和在他的理论著作的其他地方,使魏克赛尔神魂颠倒的显然正是货币问题的重大实际意义。他的研究兴趣是如何使世界免除货币失衡灾害后果的纯粹实际问题。由于他的论证中有决定性的部分不能给他提供对实际情况进行货币分析时在实际

---

① 魏克赛尔常常强调说这是不可能的,或者,最少说用统计观察来决定实际情况中的“自然利率”是“事实上不可能的”。

上有用的公式，他极力想从对商品市场各种关系的研究上来得到这样一个公式。但是因为他没有充分澄清他的考察中这些带有决定性的部分——实际资本收益率和储蓄时投资的关系——他不能从前面两个均衡标准中得到一个在理论上一致的关于价格水平的均衡公式。

实际上，他较多地从感情上接受固定价格水平的这一称心如意的公式，并且是由于一种先天的标准的直觉。十分明显，由于失衡所引起的动态过程迟早必然去引起价格的普遍提高或下降。均衡意味着“固定的价格水平”这个结论是容易作出的，虽然是没有什么根据的。而且魏克赛尔从一开始就好像确信“价格水平”的变动一般是有害的和经济上不合理的。[①] 同时由于货币均衡对他不仅是理论上的工具，而且是经济政策的一个理想，[②]所以他又得到这个结论，以为假如货币率是正常的并和自然率一致，它就可以保证消费财货价格水平不变。

当然，所有这一切都很缺少逻辑性，魏克赛尔没有成功地树立起理论上可靠的说明。为了要使他对生产率和资本市场的理论讨论的含糊不清的结果能够用之于实际，他寻求能够在现实事实中应用的公式，而且这个公式还要能满足他的精神直觉。在这种情况下，观察“价格水平”的变动，提供了一条出路和决定“货币率”和“自然率”是否在均衡状态中的可能性。一个在原则上不清楚的说明似乎是正确的，因为它被证明是“实用的”；要变

① 《利息与价格》第 2 页以下和《讲演录》第 1 卷第 2 章第 52 页和其他各处[第 2 卷第 48 页及其他各处]。

② 参阅第八章第 1 节。

成真理还需要增加一些东西;一个在经济学说史上十分陈旧的经验。[①] 在强调"一般价格水平"时,他和旧的数量说的传统建立了密切的联系;魏克赛尔从来没打算排除旧的数量说,而只是想改良它。

本节只是想简要摘述影响魏克赛尔思想的一些成见。

2. 达卫逊的批评

魏克赛尔关于固定"价格水平"是货币均衡条件的理论马上引起达卫逊的批评。在他发表在 1899 年《经济学杂志》中对《利息与价格》一书有名的评论和以后在同一期刊中发表的许多论文中(达卫逊一直是这个期刊的编辑),他着重说:假如在其他情况不变下,生产手段的技术生产率由于某种理由增加了,制成品的价格水平必然相应地下降,否则全部货币体系便失去均衡,同时典型的向上发展的积累过程便开始。

达卫逊企图用来证明他的说法的理论方法是很有趣味的。[②]

① 魏克赛尔的思想,一定是随着这些线索发展的。参阅以下各段,在这里他强调银行应当"使平均货币率和资本的自然利率一致"。"不是银行应当设法找出资本的自然利率的高度,然后据以决定它们的货币率。当然这是不可能的,同时也是不必需的,因为在任何时候,商品价格的高度,都是两个利率一致或不一致的可靠信号。下述的手续会更简单一些:如果价格稳定,银行率也可保持不动;如果价格上升,银行率要提高;如果价格下降,银行率便要降低;而且每次变动之后,新的利率便要维持稳定,直至价格进一步移动需要重新在这一或另一方向调整利率时为止"《利息与价格》第 172 页以下[第 189 页以下]。

② 在古典的价值生产成本说的鼓舞下,他也引用了有关绝对"货币价值"的纯粹标准的思想线索。但是由于我们只是关心理论问题,所以在这里对此不拟讨论。

他十分正确地承认与实际资本的生产率和获利率有关的魏克赛尔的第一个均衡条件，是魏克赛尔全部货币结构的重要部分，因此他企图证明现在讨论的第三个均衡条件实际和第一个条件不相适合。因为，达卫逊说，增加生产率必然提高“自然利率”，而且假如货币利率不立即相适应地增加并引起价格水平的下降，则货币均衡便受到扰乱。① 魏克赛尔对达卫逊的科学的聪敏十分敬佩，他在和我们这里无关的货币政策方面准备向他作某些让步——如关于要求在不同社会阶级中“公正和平等”地分配技术进步利益的重要意义。但在纯理论问题上，他坚持固定“价格水平”是货币均衡条件的主张。

要彻底澄清这个旧争论自然是不可能的事，因为货币理论的基本概念(收益、实际资本的预期价值变动、获利率、储蓄的供给和需求等等)都还没有很清楚的定义。特别是预期的作用被忽视了(这点我在前面已经说明)。这在货币理论中是很严重的，在货币

① 下面引述的达卫逊的话，可能把这一论证表述得最清楚：“只要商品价格保持不变，增加生产率就提高了对利润的预期，结果，自然的或是真实的利率比之货币利率，便变得太高……。这种结果似乎很令人迷惑，因为它意味着从魏克赛尔的理论命题开始，人们便得到和他的目的——即固定的商品价格——完全不同的实际结果”(《经济学杂志》1909 年第 23 页，重点是我加的)。我们知道魏克赛尔在货币政策上的观念是：这种背离均衡过程的继续，必须尽快地为货币利率的提高所停止，以便防止不这样做便会发生的商品价格的上涨。但是正是由于已经失衡了一段时期——由于价格没有按照生产率提高的比例下降，而且一直到生产要素价格以同一比例提高了的时候——便很难达到这一结果而不引起危机。因此我们必须说明达卫逊的意见。而且达卫逊认为：只有按生产率提高的比例来降低商品价格，才会使生产率提高的益处公平均等地在社会各个阶级——企业家和工人，债务人和债权人——之间进行分配。关于现在讨论的纯理论问题，达卫逊的论文，只是在它包含有生产率发生变化，不变的价格水平不能保证货币利率和自然利率之间的均衡这一说法时，才与我们有关。

理论中几乎每一件事都取决于对预期的分析,[①]而且——关于事情在时间上的进程——也取决于价格形成的所谓惯性因素,这种惯性因素是人们要用来说明这一事实的,即在价格形成中,因素的反应不能是即时的,而在不同程度上需要时间。要弄清这个论证的另一个障碍,而在讨论价格水平时特别感到困难的,是绝对主义的标准的观念与纯粹理论分析的直接形而上学的结合。

3. 货币均衡不受平行价格变动的扰乱

我现在愿意追从达卫逊并从“自然利率”理论开始,这个理论我已经指出包含了魏克赛尔理论的主要论点。由于第四章所述的理由,第一个均衡公式是不确定的,除非从更一般的第二个公式加以推论。因此,问题应当表述如下:在一个价格体系内,当利润限界继续保持在使 $R_2=W$ 的条件得以满足的水平时,这一价格体系的发展对于“价格水平”的趋势,意味着什么呢?

就我所能看到的,它本身根本没有意义。基本均衡条件牵涉到或是决定于某些现实的和预期的价格关系——实际资本的、计入实际资本生产成本的生产手段的、制成品的、营业费用等等的价格以及信用价格的关系。假如均衡的价格关系(在第四章讨论的)得到满足,绝对货币价格与之一致的任何变动不会扰乱货币均衡。无论这种一般价格的变动是否为预期的,并不影响这个结果。因

① 魏克赛尔常常根据半静态来思索,然而他在与达卫逊讨论时,也偶然而且不少次谈到,人们对预期所作的假设不同,则会得到不同的结果。

为预期，只是在与刚才指出的价格关系中的资本价值变动有联系时，它对利润限界才有影响。

由于第二个均衡公式只是均衡条件的一种一般的，虽然比较正式的说明——第一个公式意味着对原因因素比较深刻的分析——即使我们从资本市场的观点来看这个问题，这种说法也是真实的。第二个等式对于货币均衡要求实际投资和可供处理的自由资本之间的一致，它本身对绝对价格的变动并无意义。假如我们想的是向这一或另一方向的完全一致的价格变动，资本市场中的均衡就不会受到扰乱。等式的双方将同比例地增加或减少，而且在这里，不论这种价格变动是否是预期的，它与此完全无关。因为，这第二个均衡条件在价格关系没有变动时，也不能受到扰乱。这点已经包含在第一个均衡条件对第二个均衡条件的依存关系中，我们在上面已经指出了。

因此货币均衡条件本身完全和价格的发展无关。它不能决定绝对价格变动，但会充分决定某些价格关系。

因此魏克赛尔和达卫逊似乎都错了：价格水平的发展似乎与货币均衡无关。但是我们不能那样容易地逃避这个有名的旧争辩。

4. 不灵活的价格的意义

在说明均衡条件本身容许绝对价格水平的任何变动时，我必须指出这一限制：假定各种价格的这种变动都是完全一致的。[①]

① 我在这里和在以后谈到价格和价格关系时，我指的是各种市场——批发和零售市场，劳动市场等——中的全部价格：生产手段、半成品、制成品等等的价格。

然而，这个假设是不可靠的。首先，有信用契约规定了的固定的利率，还有延长到一个时期的其他契约。因此，在任何一般价格变动中，如果参与价格形成的那些人，对一般价格变动没有充分确定的预期，则收入和财产的分配必然发生变化。结果各种商品的供求函数就会改变，同时它们的价格关系，包括有关货币均衡的特殊价格关系在内，也去改变。即使不谈这些为某些经济主体固定了收益和成本的契约，在调整经济体系使与初期变化相适应的过程中，也还有一般的惯性因素。某些价格反应快些，某些价格则反应慢些。再者，在垄断下，或是在只有少数大竞争者的市场中，现行价格往往受到维持价格不动的政策所支配——即使面对着需求的急剧变化也是如此。这些受限制的价格的缺少灵活性不能只是时间间隔的证明，而且也是不同形态的行为的证明。然而往根据定义是属于短期的货币问题中，不管价格黏着不动是否像通常依照老的价格形成的惯性理论所设想的那样，是一种时间间隔问题，那并无关紧要；即使不管在长期间内调整是否会发生，都没有什么分别。黏着不动不论其原因和性质如何，基本上都有同样的影响。由于某些价格的黏着不动，价格体系中比较重要的每一初期变动，都会扰乱价格关系复杂体中的平行现象。

现在当然很可能来思考隐含在等式中、经常获得满足的特殊均衡关系，不管非特殊价格关系的某种"离势"(dispersion)：即是，假定货币利率的某些变动——或者更一般的说法是假定信用条件的某些变动——来引向这个目的。但是在信用政策的目的是要维持货币均衡的假设下，一般价格变动会很快地停止。黏着不动的价格在价格体系中起着约束的作用：因此，旨在保持均衡关系的货币政策必须使灵活的价格适应黏着的价格的绝对水平。

要选择用来说明货币均衡条件不限制一般价格变动这个一般命题的抽象例子,有它的重要性。因为我们要用价格形成中心理论的两种传统抽象理论之一,用以摆脱价格形成中的惯性作用——或是直接地假定一种可以明确地做到这点的细微的情况;或是间接地假设所有的个人都预期到决定价格的主要因素的所有变化和这些变化的各种影响。在后一种情形下,经济主体由于通过全面的预测,他们能够注意到未来的变化,所以可以不受惯性因素的影响。但在实际上,关于未来的资料常常是不确定的,并且所有价格形成的反应都需要时间,均衡条件由于这两个理由就为价格水平的发展提供一个明确的条件。

在很一般的观察上,也容易说出为"价格水平"的变动树立的条件是什么,这点我已经暗示过了。我们能够根据各种价格对于一种变动刺激影响的灵活性,来对它们进行统计分组。不同财物和劳务价格的黏性和同一财物和劳务在各种市场中的价格的黏性,决定于制度的情况——决定于法律、惯例、消费习惯、生产方法、销售方式、价格政策、各种类型的垄断因素以及许多其他情况——这些情况决定各个不同市场中价格的反应条件:不仅是有关供给和需求的条件,而且还有有关供给价格和需求价格的条件。既然我们的均衡公式要求确定的价格关系,而各种不同的价格有不同的反应形态,所以它还要求这一条件,即在货币均衡下的价格水平的趋势,必须是容许均衡价格关系能够获得满足而使黏性价格有最小可能的变动。因此,某些价格的黏性,给在货币均衡下所能容许的价格水平的变动,规定了一个限界。在魏克赛尔的说明中，关于商品市场的特别均衡条件，是最合逻辑地用调整灵活的资本价值使适应实际资本的生产成本来表示的（后者包含很多黏着的因素如工资）；这种调整可用信用政策特别是用货币利率去完成。资本价值是容易用货币政策去调整的，因为它只是对实际资本未来收益率和利率的预期的市场反映，在这一理论模型中，利率是货币政策的工具。

当我们谈到黏着的和灵活的价格时，我们就已经想到各种不同价格水平的指数，其中第一种给在货币均衡条件下的价格体系的变动规定了一个限界。假如我们能够对在货币均衡下决定价格运动趋势的价格水平的公式说明得更明白一些，那么，它就可以说明问题，当然有助于更好地澄清我们的理论。虽然对已经隐含在"黏着的价格"一语中的指数观念的暗示，表现出它是一种模糊的说法，但不如此，则隐藏着的问题便没有揭开来。

这个有决定性的价格水平，应当被界说为一种指数，在其中个别价格是经过加权的，首先根据它们反应的黏性，其次根据它们在企业家关于获利率的计算中，因而在实际投资量中的相对重要性。但在动态情况下，稳定这样计算出采的价格水平，当然不一定意味着稳定一般的价格水平，也不一定意味着稳定消费财货的价格指数。

5. 加权原则

我们就要较详细地讨论为维持货币均衡所必需的关于绝对价格变动的决定。这种决定如同我们已指出的一样，隐含在货币均衡更基本的要求中，我们已在前两章中分析过它。因此，它可被看作是完全确实的东西，因为它关系到魏克赛尔理论的主要论点，最少就这一理论是一种有效的说明或假设来看是这样。这个均衡条件在理论上的重要意义，在于这个事实，即是它能弄清已暗含在前述两个均衡条件中的关于价格一般发展的决定。而且它对于为进一步和更加现实地分析价格形成过程开辟途径，也是重要的。进一步分析由均衡条件特别是由第一个加权原则而获得的加权体系，就可以使货币理论接触到各种制度情况，这些制度情况在实际上是决定价格形成的，但在抽象理论中常常被忽视了。只有通过价格的黏性来这样面对着社会生活的现实，货币理论的完善在将来才能有希望。

关于上面建议的指数公式中的两种加权办法，我只愿补充以下几点，用来说明理论上的观念。第二个加权原则的必要性是不辩自明的。从理论观点来看，对各个公司的利润都很重要的价格，比在这方面较不重要的价格，显然要有较大的权数。因此，在抽象理论上很容易说出应当如何来根据这个原则来加权。对单一公司的价格权数的局部系数——负号的或是正号的——是由该价格一定的变动所引起的利润限界（$c_1'-r_1'$）的变动额。对整个经济来说，适合于一定价格的权数是将每一公司的局部系数乘以它的投资反应系数，然后将其乘积相加而计算出来的。这样计算出来的最后权数，显然可以测量价格变动对实际投资量的重要性。[①]

在抽象理论上，第一个加权原则要正确说明是比较困难的。

① 参阅第四章第 14 节。

因为价格的黏性在长期和在短期，在商业循环的不同阶段中，它的大小是不同的，同时还和变动的各种原因和推动力量的大小有关。黏性也跟着预期的内容而变化。因此，说明这个加权原则所引起的问题，比它所解决的问题多。它只是标志出制度范围的疆界，在这疆界内要树立一个纯理论体系是不值得的，因为许多假设必然有武断的性质；但在这里，根据对上述理论问题的说明而进行的统计研究则必须继续。

6. 评论魏克赛尔和达卫逊的争辩

从货币均衡中一般价格趋势的决定来看——根据各种价格的黏性和对实际投资量的相对重要性①——似乎理论分析已经从魏克赛尔和达卫逊的争辩的水平转移到十分不同的水平上去了。从上面已谈到的来判断，他们的讨论在分析的目的上和使用的理论标准上似乎都定错了方向。

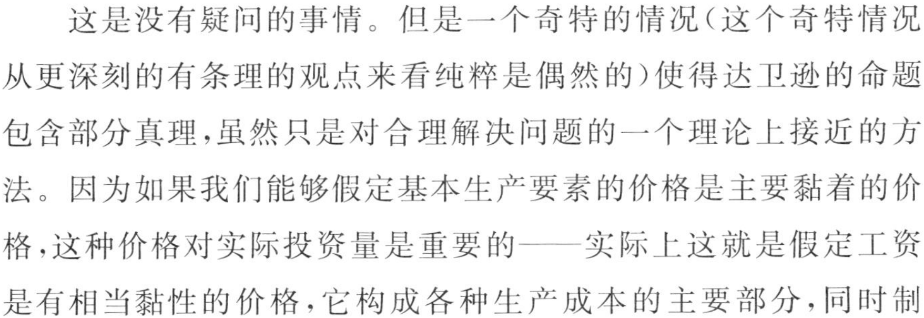

这是没有疑问的事情。但是一个奇特的情况（这个奇特情况从更深刻的有条理的观点来看纯粹是偶然的）使得达卫逊的命题包含部分真理，虽然只是对合理解决问题的一个理论上接近的方法。因为如果我们能够假定基本生产要素的价格是主要黏着的价格，这种价格对实际投资量是重要的——实际上这就是假定工资是有相当黏性的价格，它构成各种生产成本的主要部分，同时制

① 第一个表述在理论上是主要的一个。只是由于各种不同价格的不同程度的黏性，价格水平才能对货币均衡有理论上的重要性；也只有由于这个理由，根据相对重要性的加权，从获利率和投资量的观点来看，才是必要的。

成品的价格像资本价值一样，是有高度灵活性的——那么，我们第三个均衡条件的涵义是：货币利率是正常的，它能够维持资本市场的均衡关系，同时生产手段的价格是不变的。随着生产率的普遍提高，这一均衡条件要求制成品价格相应地向下调整，正如达卫逊常常强调这点来反对魏克赛尔一样。

但是从更基本的方法论的观点来看，这种一致只是偶然的；它不是根据生产率变动的任何特性。它只是依存于工资是黏性价格的这种假设。相反地，如果我们假设工资是特别灵活的，而制成品的价格是有黏性的，那么，当这种初期的生产率变动发生时，均衡条件就会如同魏克赛尔所说的那样，要求提高工资，而制成品价格不变。换句话说，达卫逊反对魏克赛尔，是对的，但不是因为他所给的理由，而是因为某些制度条件决定各个不同市场对外来影响的抵抗程度。但争辩双方都没有将问题的这一面推向前进。

因此，达卫逊的命题最好也只是一个接近正确说明的方法。除了工资外还有其他具有黏性的价格；的确，在商品市场中，管制价格的重要性是不断提高的。工资也不是在任何地方都有同等的黏性，例如通常在农业中就不是这样。在芬兰工会组织是弱的，当商业循环时期，工资比之工会组织特别强的瑞典，便有大得多的变动。而且工资不是单独决定获利率的，生产成本不仅包含工资。因此，达卫逊的说明最好也不过是从经验上得到的东西。要使它在实际上能应用，项目应当是能说明清楚和易于测量的。事实上，在这两方面都恰好相反。因此，与价格黏性和它们对获利率及投资量的相对重要性直接有关的我们的说明，从实际统计观点来看，是较容易处理的，姑且不论它是更为一般和更为完全的这一事实。即使是很粗糙的接近我们的指数公式,比之生产率公式也会有更正确的结果。

而且,生产率公式有很大的缺点,它很容易把理论引到形而上学的价值的沟渠中,这种沟渠是要由传统经济学来很好地疏浚的。事实上,就是这一价值观点,它推动作出这个说明,虽然在科学分析上,要使生产率公式摆脱它在理论上是完全可能的。

7. 价格水平公式不能代替更根本的均衡条件

在继续讨论前,有一点是我要着重谈到的。假定有可能来计算第二个均衡公式 $R_2 = W$ 中的实际数值,或者甚至有可能来确定关于利润限界 Q 的基本情况。那么,我们就能够指出我们是否在均衡形势上;假如不是,也能指出扰乱的动力是在均衡的哪一方和有多大的强度。换句话说,从货币观点来看,我们能够充分决定情况。在另一方面,在某些形势下,不灵活的价格是比较稳定的之一事实,实际上简直没有说明情况的实在性质。它只是说,在进展中的魏克赛尔过程的强度尚不够使黏着的价格和它一起变动。黏着的价格是比较稳定的,这不值得特别注意,因为它们不仅在均衡时是如此,在失去均衡时亦是如此——一直到魏克赛尔过程已经进展到一个时期,并且获得相当大的动力以前都是这样。但是这个过程可能进行得很好,也可能不好。这只是它们缺少适应性的一种特征。所以从这一观点看,我们这个最后的均衡条件是十分不确定的。它只是以前的均衡公式在一个**特殊**方面的一种推论;为了要得到完全的决定,我们必须依靠以前的公式。**换句话说,一**

种情况的均衡性质，只靠研究一般价格运动是不能充分说明它的特性的。

而且，仅靠注意各种不同价格水平相互之间相对变动也不能说明一种价格发展的特性。例如，仅注意用某种加权原则更正确地规定的“消费财货价格水平”，与根据黏着性和对投资的重要性加权的我们最后说明的价格指数的相对变动情况——为简单起见，让我们说“生活费用”与“工资”（在这里我们以前谈到的某些假设必须满足）的相对变动情况——就不能说明它的特性。这两种价格指数的相互关系和所有其他想象得到的指数的相互关系，要保持货币均衡，必须根据所发生的初期变动的性质，而作不同情况的改变。各种价格水平相互间均衡关系的这些变动，只能从了解实际事例中的各种初期变动来加以计算，而这些初期变动是曾经用以前概述过的均衡公式为着这个目的加以分析过的。在对某一情况或发展进行货币分析时，这些公式是不能抛开的。为什么在原则上不可能只用一种价格水平或各种价格水平关系来详细阐明货币均衡，其真实理由就在于此。

这个完全否定的结果，就是我们本章分析的结论。一种价格指数，如果它的稳定是为保持货币均衡所必要的，这个指数的定义，如同我刚才承认的，更给一个尚未解决的问题增加压力，而不是提供解决办法。但是最少它可以使我们不致过分相信用稳定所谓一般价格水平来稳定商业的可能性。甚至有人十分认真地建议，以为货币政策的目的，应该是稳定在世界市场中交易的商品的易变的批发价格，这是因为这些价格反应十分容易。在这种建议中，两种含混不清，同时在理论上互相矛盾的论点，很冒险地被混淆起来了：一方面是稳定商情的观念，另一方面是经济生活中一个感应灵敏的"风雨表"的观念。

8. 垄断市场带来的复杂情况

然而，当我们考察垄断价格形成时，我们必须考虑许多进一步的情况。[①] 垄断价格的形成，在这点上，我指的是所有这些事例，在其中，一种物品的供给价格或是需求价格，不仅是在暂时而且在一定时期内，都能维持在这样一个水平上，使这种物品的全部数量不是都被需求或供给的；或者，假如不考虑需求和供给对他们自己行动的反应（在"完全竞争"下就会是这样），那么，供给和需求不会超出在通常情况下——顾及相应的供给和需求曲线——对供方或对需方有利的数额以外。这些关于垄断行动的假设，在劳动市场中能够在很大的程度上得到满足，而且对绝大多数其他市场也可能有重要意义。这个结果是供求双方的失去均衡，然而，在这里，供方或需方多余的数量只是潜伏的。

为简化起见，我们只考虑劳动市场。假如垄断因素单独局限在供给方面，那么，在一定价格下，供给超过需求，这点能够很容易在统计上作为失业现象而被观察出来。假如垄断因素单独局限在需求方面，通常不能够这样容易观察出来：在这种情况下，多余的需求只是潜伏的，同时构成"没有使用的生产能力"，或是现实的或是潜伏的，这在两种情况下都难于确定。

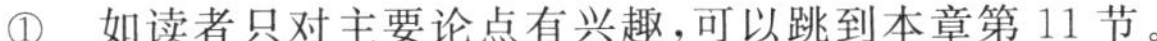

① 如读者只对主要论点有兴趣，可以跳到本章第 11 节。

如果劳动市场中有双边垄断，如我们所熟悉的，这种关系就更加复杂得多。失业是可能的，从工人的观点来看，它是在维持不变的工资下，没有需求的供给；但是从雇主的观点来看，对于同样的工资，这里有潜伏的需求未成为现实。因此，失业是这种双边垄断的结果之一；这一复杂的关系不能为了说教的目的，将它过于简化，这当然是重要的。从一种观点看，既然更多的劳动在较低的工资上可以被需求，失业当然是工人垄断的直接结果。但是同时它也受雇主现实的需求和潜伏的需求之间的差异的影响，因为对劳动的潜伏需求的全部实现，就会在同一工资下增加部分或是全部或甚至超过现在尚在失业的劳动总额的需求。在后一情况下，如果需求的垄断被消除，失业现象便会消灭，即使提高工资亦是一样。现存的失业，假如人们愿意的话，能够当作直接测量工人方面垄断因素强度的尺度，在这一情况下，它是垄断强度的定义。雇主方面的垄断强度的相应数量较难看出，因为它应当是潜伏的和现实的对劳动需求之间的差额，但只有现实的需求能够用统计来表示。在这一意义上的垄断强度，是维持一定的供给或需求而不在价格上让步，或者是维持某一价格而不在供给或需求上让步的力量和意志的结果，同时它是用由于供给和需求失去均衡而发生的这一差额来测量的。

特别是关于雇主的明显的垄断地位，我们或者也应该注意他们在劳动市场和商品市场之间的中间地位。在商品市场中的任何供给的垄断，必然表示出劳动市场中的相应的需求垄断——除非商品供给的减少为存货的增加所抵充；而这抵充在长时期内是不可能的。企业家在劳动市场中的垄断的主要部分，具有这种性质。

另一方面，在劳动市场中的任何需求的垄断，都相反地意味着商品市场中相应的供给的垄断——除非商品的生产和供给维持不变和需求价格和供给价格的复杂情况是在没有雇主垄断的情况下被决定的时候一样。它能够通过以其他生产手段去代替——完成的但尚未用获利率去证实的——那潜伏但不是实际有需求的劳动的办法来维持；这种代替在长时期内也是不可能的。

换句话说，商品市场中的供给垄断与劳动市场中的需求垄断之间的理论关系，是由库存增加率和生产合理化去调节的，这种合理化在现行工资下，尚未用利润率去证实，只是为了影响劳动市场而做的。如果否认（也许有很好的理由）工业的这种合理化可以起大的作用，如果人们能够进一步说这种性质的存货增加一般是不平常的，甚至在长时期是不可能的，那么，就把雇主-企业家方面的两种垄断直接联系起来了。这两个垄断问题的这种联系，隐含在这个事情的性质之中，因为计算垄断收益时，必须考察全部利润计算，在这里工资是成本的一个要素，而商品价格是收益。这种容易变动的要素——除由此而受到限制的总生产价格和生产手段的总需求价格以外——只是由改变生产和销售的关系（存货）及各种生产手段之间的关系（代替）的可能性来代表的。

现在，在魏克赛尔的典型理论的一般假设中，他假设一样特殊意义的"自由竞争"，虽然通常他的假设是不明确的。价格缺少直接适应性，自然是包含在这个基本假设中，因为如果这个体系的灵活性被认为是无限的，一种需要时间的积累过程便不能发生——代替它的将是一个突如其来的变动。然而，"自由竞争"的假设是做了。除了像我们已经说过的那样，意味着自然率 y_2 对于这种经济中所有的公司来说必须相等，而且在均衡时它还必须等于货币利率 i 以外，[①]“自由竞争”这一假设还必须抛弃刚才所谈到的这种价格形成中的所有垄断要素。然而，魏克赛尔的假设，对本章所讨论的理论关系是重要的。

9. 劳动市场中垄断强度变动的影响

为了能够提出一个抽象的证明，我将作出若干简单的、十分武断的、被认为是不现实的假设；因为我只是试图揭露魏克赛尔的理论的结构。(1)工资只是那种价格，它对因货币政策而发生的变化所起的反应不是绝对灵活的。因此，从我们已经谈到的来看，要满足均衡的公式，就要调整价格体系，使适合固定工资(这个假设还包含不存在惯性和时间契约以及对所有其他价格的特殊政策)。(2)工资只是那些价格，在它的形成中垄断因素是实际发生作用的。(3)垄断因素完全限于供给函数。(4)货币政策的唯一目的在于维持货币均衡($R_2=W$)。(5)在开始形势中有货币均衡。再者，为了对我们的结果不加预测，我们假设：(6)在实际情况下，对劳动的供给和需求是一致的(即是，失业是零，没有对劳动的潜伏有利而尚未实现的需求)。(7)在这种情况下，供方的垄断因素变为活跃的。工人组织起来，而且要求提高他们的工资。(8)这是唯一的初期变动。

① 这个假设不可靠这一事实引起前面对魏克赛尔第一个均衡条件的重新解释。见第四章第 11、14—16 节。

为了使货币均衡能够维持(4)，那么所有其他价格都必须和工资同一程度地增长。假如我们能够假设，所有有关的预期表都直接追随工资的增加，有相应的向上移动，那么所有价格的这种向上移动在一开始时就会发生(1)并且无需降低利率。就所假设的货币政策来看，这种假设本身并非是不自然的，关于货币政策，我们还要进一步假设它是众所周知的。在这种情况下，失业不会发生。

由于工人不会由于他们的垄断工资增加而变成失业，所以——假定这种垄断趋势一经开始就继续下去——他们就能够再次提高他们的工资，并有完全同样的结果，即引起全部价格体系的普遍和平行的向上移动。因为这个向上的动力，是以由黏着的因而是主要的价格的垄断活动所引起的自力推动的运动形式开始的，因此随它之后有一个价格普遍上涨的过程，同时货币均衡得以继续维持。然而，这个过程不同于魏克赛尔的积累过程，主要的事实是，货币均衡长时期维持，因此魏克赛尔过程中典型的生产方向的转移不会出现。全部价格体系这种变动的速度，决定于工人用垄断行动提高他们工资的速度。

如果我们现在在另一种不改变假设的基础上认为，预期并不像刚才所考察的那样，立即反应，那么，基本的差别将会是，为了实现假设的货币政策(4)，中央银行必须把信用放宽到一定的程度，然后才能诱使价格体系的其余部分和由于工人的垄断行动而引起的工资运动相适应地向上移动。由于我们曾经假设，除了工资以外，其余全部价格，绝对缺少黏性(1)，因此很短时期的很小的货币利率的降低便足够了。

如果我们现在考虑(与(7)相反)开始时的垄断动力是单独来

自需求方面，即是来自雇主方面而不是来自工人方面，那么，一个同样的均衡过程就会开始，虽然在这种情形下是一个向下发展的方向。在这种情况下，失业也不会发生，因为我们现在假定在劳动市场中“自由竞争”是在工人方面的。

然而，如果初期的变动是一种双边垄断的工资政策，那么货币均衡会实现，但有若干失业现象，同时对劳动的潜伏需求和现实需求二者之间有某种差异，即是有某种现实的但最后是潜伏的“生产不足”。此时，价格体系是保持稳定，还是向这一或另一方向移动，则依据两个垄断者的相对力量而定。

10. 存在着供求差异的货币均衡

现在让我们假设——用同样的原来的前提，单一的初期变动是工人单方垄断的行动——预期表不是和前述的情况一样直接向上调整的，但是利率是不降低的。这点表明（与(4)相反）明确地背离所假定的货币政策。均衡条件不再能满足，一种向下发展的魏克赛尔过程开始，表现在生产过程移向实际资本建设较少的生产，失业——由于假设的工人的垄断和以后的经济萧条的过程——和实际资本价格首先下跌，其次消费品价格下跌，等等。

现在如果在均衡形势被放弃了一定时间以后，货币政策用降低利率来开始阻止这个过程的向前发展（再次假设 4），那么经过价格和生产的某些变动之后，一个新的均衡能够达到，在这里均衡公式又被满足。在我们的例子中（其中假设的唯一的初期变动是工资的垄断性提高），这意味着货币政策试图阻止超过和垄断强度相适应的失业,即工人们为了不同意降低工资而愿意容忍的失业。这个均衡形势的特点是:有较高的(相对的)工资,也有若干足以抵消提高工资的垄断趋势的失业和较低的利率——除非是由于收入和财产的移转,使得储蓄大量减少;所以,更一般地说,是一种利率,它能使变动后的可供处理的自由资本与实际投资之间趋于均衡,假如利率不变,后者是会减少的。再者,在这种均衡中,有资本家的较低的实际收入:有实际资本和消费财货的相对价格的某些改变——有关于工人对各种消费品间接需要的改变和关于资本安排的改变;也有某些不同的生产安排——不同不仅是因为收入和财产变动所引起的对各种消费财货的需求的变动,同时还因为各种不同生产通过代替所作的一般的适应,它是生产成本中价格关系变化和利率变化的结果。由于这些变化,均衡条件会再度被满足。

在动态过程中,这种背离可能较长,也可能较短,要根据货币政策的适应性来决定。这个过程进行得越长,新的货币均衡便要稳定在越低的工资和价格上。最简捷的方法是立即稳定垄断性地提高了的工资率。假如作为在货币均衡下提高工资和大致固定消费品价格的结果而引起的失业,大于劳动供给垄断情况所能容许的程度,那么这些消费财货价格和资本价值便必须增加。然而,最重要的是,如果在过程中背离均衡情况的现象被消除掉了,那么在通过货币政策实现的新均衡形势下,会产生一个固定工资率,在这个工资率上,某种失业将是均衡的条件——正好足够平衡对工资的垄断压力。货币政策必须根据这种失业来决定,否则,其结果不是一个经常不变的货币均衡以及整个价格体系不终止的向上平行移动,便是一个背离均衡向下发展的魏克赛尔的过程。

如果我们现在让所有其他假设不变,只是将垄断因素移转到雇主方面,并假定一个相适应的货币政策,那么,结果将完全相同,但是所有的数值自然是带有相反的符号。和失业相当的,现在将是一种潜伏的没有实现的对劳动的需求。

如果我们有双边的垄断,则结果将决定于两个垄断者的相对力量,而在最后的形势中,均衡条件要求有某种失业,以及对劳动的潜伏需求和实际需求二者之间的差异。前者的大小必须足够平衡工人的垄断,而后者的大小则必须足够平衡资方的垄断。

11. 价格变动的“内部的”和“外部的”原因

我们以前的讨论都是用十分特别的假设。特别是我们假设除工资外,其余所有价格都是完全灵活的。但是这篇论文,不能再用理论上的诡辩去加重它的负担了。以前选择的抽象例子的目的,只是要为某些关于垄断因素对满足货币均衡条件(考虑到一般价格变动)的重要性的一般说明,准备理由。主要的结论如下。

当我们说在货币均衡下,灵活的价格必须调整使适应黏着的价格,以便不管如何变化,各种不同价格之间的均衡关系得以保持的时候,我们想的只是价格变动,这些变动从黏着的价格的角度看来,是由于变动的“外部的”原因所引起的,在这些变动中包含预期的变动在内。任何有黏性价格的商品,它的供方或是需方或是双方垄断强度的任何变动,都代表变动的一种“内部的”原因,它使价格体系必须与之相适应的黏性价格的实际水平移动。[①] 事实上,价格形成中的垄断因素,能够而且常常是出现在那些对变动的“外部的”原因的灵活性是相当小的价格中。价格的黏性,实际上主要是以使垄断因素成为可能的制度关系为基础的。很快就要指出,在不论变动的“外部的”原因如何,价格总要维持这一意义上,价格的黏性常常是适应着垄断的压力,基因于各种变动。

在这个抽象的例子中,我们假设除工资外,其余全部价格都是有完全灵活性的,一种目的在于维持货币均衡和同时使失业人数下降的货币政策,会引起全部价格体系向上变动。如果在这个例子中,我们作出更现实的假定,让其他商品价格在某种程度上受契约和其他惯性因素的约束,或是受限制的价格,不论价格体系的初期变动如何,在相当时期中,它是保持不变的,那么,便不可能保持低的失业人数并同时维持货币均衡,即使容许全部价格体系这样向上变动亦是如此。而且,这种企图会引出一种离开货币均衡的向上移动的魏克赛尔的积累过程。而且只要失业人数被保持在垄断获得满足的水平以下,这一过程就不会停止;它甚至会加快。

因此,价格形成中这些垄断因素的存在,使我们首先注意到,货币均衡只能在同时存有某些商品和劳务的供给和需求之间某种差异的情况下,才能维持。更详细地说:这些差异的大小必须正好

① 价格变动“外部的”和“内部的”原因的差别,由于本论文所述的理由,对价格变动的货币方面是十分重要的,它决定于很多完全不同的制度关系。在本文中,我主要只能满足于把变动的“外部的”原因,看成是等于货币政策及其他主要变动在价格形成中的干预,这种价格形成通常是在自由竞争的假设下的经济均衡理论中讨论的。同时变动的“内部的”原因,则为垄断强度的变动所代表(价格政策)。

足够满足供给和需求的垄断条件。对于那些其供给不能受到垄断性的限制的商品——例如劳动，如果我们考虑的只是全部劳动市场——这种失衡，直接表现为在一定供给价格下的供给过剩。这即是说，在劳动市场的事例中，它表现为失业；在货物市场的事例中，它表现为存货的增加。对绝大多数商品来说，这种失衡只表现在潜伏的和现实的供给或是需求之间的差异中。这种垄断价格的斗争，和由它引起的供求双方的紧张，不能只用货币政策去消除，因为不能认为在长时期内货币政策能够减少或是取消垄断力量。

因此，如果对劳动市场供方的垄断情况进行单方面的分析以后，我们建议一种旨在保持最低失业人数的货币政策，或许甚至认为，劳动市场中的供给和需求的均衡是货币均衡的实际标准，那么，在这里自然会有一种很重要的适合的因素。因为在一个向下发展的魏克赛尔积累过程中，由于生产方向的同时移转和劳动市场中劳动的惯性以及工资的黏性，特别是由于供给垄断的暂时加强，某些部分的失业是和货币失去均衡联系着的。但只是一部分。其余部分直接决定于劳动市场中的供方垄断并间接与需方垄断有关，因而与商品市场中的供方垄断有关。

12. 失业与私人资本主义的组织

这种考虑，在判断直接货币政策以外的处理所谓永久性失业而不是结构失业的措施时，也是重要的。既然这些措施——关于资本供给、技术、需求的调整以及其他影响劳动市场的因素——目的在于提高劳动的需求，从工人的立场看来，它们是非常需要的，因为工人阶级的收入能够由此增加。但是在对需求方面和供给方面的长期垄断控制没有由此减轻的范围内,只要不容许有一个向上发展的魏克赛尔积累过程,永久性失业是不会减少的。垄断形势只是使它本身适应一种新的工资情况,在其中,永久性失业自然可能根据新的条件而大于或小于以前。在通常情况下,由于工人有较大的力量抵抗雇主的工资压力,失业人数甚至必然增加,抵抗力量的增加是工人阶级从增加的工资收入中获得的。

引向另一个结论的观念,是以对经济问题的自由主义态度为基础的,这种态度常常试图摆脱劳动的买主和售者之间的垄断情况,以及随之而来的总供给和潜伏需求之间的失调,其方法是在一般的分析中,用委婉的术语来描述劳动市场中的制度附属物。因此失业很容易被解释为只是缺少“适应性”或是一种“震荡现象”。然而,失业的一部分,实际上是工人阶级在它的工资斗争中付出的成本。另外的成本,当然是由于商品市场垄断而发生的生活费用的增加,因此后者被看作在劳动市场中雇主对需求垄断的另一方面。

换句话说,失业在某种程度上是经济生活的私人资本主人组织的必然结果,因为它影响劳动市场。自然,这点并不妨碍人们为了双方的利益通过相互让步来减少失业。想象一个通过协议对双方都有利的对失业的彻底解决办法吧！这不仅先须把工资高度而且先须把对劳动的需求包含在劳动市场的谈判之中。由于合理化和商品垄断会影响对劳动的需求,这还进一步要求把二者在这些谈判中加以讨论和规定。

然而,这样一种极端的工业民主,显然在现在是不可能的。由于表现在价格形成中的垄断因素,货币均衡的形势要求需求和供给有某种程度的不一致,一般只是它们现实的数值与潜伏的数值二者之间的差异。然而,对于劳动和其他其供给不能用一种垄断方法来限制的商品,这种不平衡直接表现为失业和未售存货。

13. 结论

这一最后的结论,并不能取消我们关于价格水平的均衡公式,这个公式说明要满足货币均衡条件,就要求根据价格的黏性及其对投资的重要性加权的价格水平,具有最大可能的稳定数值。因为明确地包含在这个公式的表述之中的,只是价格,而不是供求的数量。但是,既然需要保持在稳定水平上的这种价格组合,必须根据由于垄断压力(价格政策)变动而引起的"内部的"价格变动加以调整,那么,关于商品市场的均衡要求实际变动,是由于垄断因素而引起的。换句话说,只有通过这些考虑以后,这些"内部的"价格变动才能接受——连同它们在供给和需求关系上的结果——价格才能维持不变。

然而,在实际上这种困难不像它表现得那样大。因为最少在短期内,垄断压力的变化,即接受需求或是供给的一定变动而不作价格上的让步,或不管对供给或需求如何让步而坚持一定的价格,主要是与价格变动的"外部的"原因有关的。价格斗争加甚紧张,通常是由于这一事实,即人们要维持一定的价格,而不考虑市场情况的变动。例如工人首先考虑的是货币工资而不是"实际工资"。同样,商品市场中受管制的价格,常常被维持着而不管需求的缩减。这即是说，在垄断压力改变以后，实际上是作为垄断压力变动的一个结果，价格仍然保持不变。压力的变动，只是黏性的原因之一。如果所有垄断压力的变动都是属于这种性质的，我们的均衡公式就能够保持不变。它们之所以有关系，只是因为最有力地影响我们的黏性价格的特别指数的，正是那些使这类变动具有重要意义的价格。

在离开这个问题之前，我或者应该再次请读者注意这一事实，即一种价格的黏性，并非完全以垄断因素本身或其在市场中的压力的特殊变化性为基础的。除了价格政策和不完全竞争以外的其他有关原因是：固定价格契约，对其他市场情况不完全了解，保持价格不受外来影响或类似影响的习惯。

第七章 货币均衡的无区别的范围

1. 和各种信用条件适合的货币均衡

在魏克赛尔第一个均衡公式($y_2-i=0$)中,货币利率,如我们已经指出的,只是信用市场中各种利率的混合体的抽象表述,和更加复杂的各种其他信用条件的抽象表述。这就是我们为什么不能满足于魏克赛尔公式,而进一步在魏克赛尔第一个均衡公式分析中引用 e 和 r 的理由之一。①

然而,在现实中没有单一的利率,只有各种信用条件的不同的体系,这一事实对货币分析会有更深远的结果。这就是说,必须有可能来思考在一定情况下对实现货币均衡有同等影响的各种不同利率的各种组合,和利率与其他信用条件的各种组合。换句话说,只要在"利率"中——即是在信用条件的复合体中,它在魏克赛尔的分析中是用利率来代表的——信用条件相互之间的关系,能够有某种系统的变动而不扰乱均衡公式,那么前三章所述的关于货币均衡的决定,就是"不确定的"(indeterminate)或是"无区别的"(indifferent)。

也应当注意这一重要事实,即除信用条件以外的所有其他影

① 参阅第四章第 11 节。

响价格体系的因素的变动，在不受其他此类因素或信用条件本身的对抗变动所抵消时，也会引起对均衡的背离。因此，“无区别的范围”(field of indifference)，自然会更加扩大。

从实用的观点来看，将除信用条件以外的所有受到或者能够使受到公众控制的社会因素组合在一起，这或许是有用的。这样只有不包含在这里的因素才表现为讨论货币政策问题时据以推理的事实。它们决定给定的情况，在这种情况中，所有可控制的因素彼此间或与信用条件间的某种组合会实现货币均衡。可控制的或不可控制的经济因素之间的这种区别，将是区分“货币政策的手段”和其余一切有关价格形成的东西的分界线。

这种区分自然对货币分析本身没有直接的意义，但是由于货币政策问题，它却有更多的间接的意义。这种分界线完全是由当时的经济的制度上和政治上的结构所决定的，因此不是固定的。在“自由”经济中，除贴现率外，可控制的并不多——在“自动调节的”国际金本位下，连这点亦不可能。“计划经济”的程度，在形式上是由整个价格形成体系中，被看作可放在政治控制之下的关系的数目和种类来测量的。但是绝不能以为这种控制只是为了货币均衡；从货币政策的观点来看，正是它使得结合的各种可能性成为这样一个很严重的问题。关于这点在第八章会更详细地谈到。从货币分析的观点来看，必须补充的是：虽然在魏克赛尔的公式中，信用条件是用“货币利率”来代表，并且它一般只有间接影响“自然利率”的性质，可是其余可控制的经济因素也只是对“自然利率”[①]

① 通过对交换关系的影响。

而不是对“货币利率”有直接的影响。

然而，承认各种不同组合的可能性（对于这些组合，货币均衡条件在很大的范围内是“无区别的”），这并没有超出均衡概念范围以外。相反地，这些组合问题，只能在均衡概念结构以内来讨论。这种组合，是由分析它们如何在不同工业中影响利润限界，因而影响生产过程方向、收入、储蓄和资本市场中投资与自由等待（free waiting）之间的最后关系来决定的。魏克赛尔的“正常利率”只是货币均衡观念的一种不完全的说明。如果真正要使用魏克赛尔的办法，这个说明可以改善，但观念本身不能避开。

2. 贴现率的无效性

货币均衡的无区别范围的问题，在这里不能详细阐述，虽然在进一步发展货币理论时，它是非常重要的，而且在讨论货币政策时，它特别重要。我们将只讨论被称为贴现率无效性的特殊问题来作为一个例子，因为在目前它有现实性。

即使我们假设（1）除信用条件外，所有经济因素都是政治控制所不能及的，并且（2）除利率外，没有信用条件是可变动的，在我们的问题中，仍然有一个很大的无区别的范围。很多原因（其中包括时期）使得各种利率互不相同。因为在企业家们的计算中，关于未来不同时期的利率是重要的，所以表现在此刻各种利率之中的未来利率发展的各种不同组合，会综合产生一个在给定情况下的货币均衡。这些不同的组合所达到的不同的均衡形势，会引起整个经济体系的不同的发展，即使在这些未来发展中均衡被认为是能够维持的，这是货币均衡问题的一部分。

在使实际存在在信用市场中的某些利率固定下来时，贴现率是极端重要的。中央银行也可用贴现率以外的手段来影响其他利率的高度。很明显，中央银行能够用很多不同的贴现率来实现或是维持均衡关系中某一类的数值。当然，只有在这些利率不是直接受贴现率的影响，而是用其他手段来调节，使能在现实情况中实现这种特定的结果的情况下，它才能这样做。

这里我们有一个简单的和典型的关于货币的无区别领域的例子，它依存于"货币利率"中的某些移动，在某种范围内，这些移动的作用是相互抵消的。

然而贴现率的无效性的问题，在目前情况下[①]与某些完全不同的事情有关。为简单起见，我们将假设(3)长期利率仅受中央银行的间接控制，它是通过规定贴现率来控制的。为了弄清我们并不是讨论利率中的无区别的范围，我们将明白地假设，所有信用条件在"标准组合"中相互的关系是固定的，[②]它们只能在这一或另一方向一起变动。因此问题是，一般信用条件的松或紧要到什么程度和在什么条件下才能让一种价格情况的货币均衡不受扰乱。我们在这里仍然只是关心一种封闭的经济，例如整个世界就可以看作是一种封闭的经济。

让我们考虑这样一种情况，在其中信用条件是很紧的，并让我们为简明起见，设想一开始时的形势是一种货币均衡的形势

① 1932年春。

② 关于这一问题的详细讨论，见第八章第4—6节。

$(R_2=W=S+D)$。论证的进程如次。由于加紧信用条件,实际资本的资本价值比之它们的生产成本来说是贬低了。因此而发生的利润限界的下降,使企业家或多或少减少他们的实际投资。依照以上第二章所描述的魏克赛尔过程的一般计划,一般收入,首先在资本货物工业中减少,然后在消费货物工业中减少;然后对消费货物的需求下降,对所有资本价值的进一步压力减轻,等等。

整个过程的特性来自这一事实,即制度情况能够对于某些价格的下降(特别是工资)有一种重要的阻力。首先,集体契约在比较长的时期中有效,它自然去使工资的敏感性——例如在商业循环中的可变性——较小;甚至契约到期时,工人们仍努力反对减低货币工资。经验指明,在劳动市场中,哪一方发现自己处在防御地位,哪一方就斗争得最顽强。因此,换句话说,如果工人们受到减低货币工资的威胁,他们的垄断压力就会增长。这只是工人们准备忍受比以前更大的失业的另外一种说法。无论如何,由于此时工资的减低,不能低到使失业维持原有水平所要求的程度,因此失业增加,生产受到限制,而这种经济中全部货币收入比之工资率的减少,以更大的比例下降。

3. 经济萧条中的对消费财货的货币需求

经济萧条过程的内部机构,现在已经很清楚了。然而,现在必须注意的是形成对消费财货需求的社会总购买力的减少比之总收入的减少要小得多。这自然意味着,总储蓄的减少不仅是由于收入的减少,而且由于储蓄在总收入中的份额较小了。处在资本主义向前发展阶段的国家，在经济萧条过程中，它们的经济的政治上和制度上的发展，会继续增加在使用收入方面这种变动的重要性。

这种趋势可以用下述的考虑来说明一部分。未被雇用的工人必须生活；由于社会理想越来越重要，他们还必须生活得不坏。公共机关要用各种办法发挥它的作用。无论照顾失业者的费用是由发行公债来支付，还是用增加租税来支付，只要它去影响储蓄，在任何情况下，它都会减少总储蓄 S，因而也减少可用于实际投资的可供处理的自由资本 W 使之低于没有这种救济费用时应有的水平。如果这种援助在某程度上采用以工代赈的形式来代替，那么，均衡公式另一端的总实际投资 R_2，就能够同样恰当地说是有了增加。只要其中表现着公共工程活动的实际投资，不受魏克赛尔第一个均衡公式中所分析的利润限界移动的影响，公共工程活动在这个问题中就是一个自变数。或者甚至能够说是一个政治上决定的"负投资弹性"。但是，或许更好的是不把救济工程列在投资范围内，并让这种开支只意味着减少储蓄。失业者也可靠他们自己过去的储蓄和靠他们亲戚的储蓄来生活，这同样会减少 W 的数量。

与此相应的推理可适用于其他社会阶级。为了不损害在将来征集资本的机会，和由于其他理由，一般工业企业不管实际获得的净收入如何降低，都企图保持它们原有对分红的支付，动用准备基金或预期的未来收入。它们常常试图用各种簿记转账的方法（这些方法常常是不在法律容许范围之内的，也不在商人认为适当的范围之内的——然而这与我讨论的问题无关），来混淆它们支付的是资本而不是真正的收入这一事实。自然，如果他们能够成功，靠剪息票为生的人认为他们可以随意用于消费或是储蓄的收入总额，就会保持不变。这种旨在稳定整个商业循环中红利收入的倾向，在少数极端形式下，甚至还被建议为巧妙的分配政策，在这点上，它的重要意义是不应低估的。它的作用几乎等于公共劳动政策的作用。

再者，各种比较高级的在商业上和技术上有地位的雇佣人员，与他们的公司常常处在这种关系上，即他们的薪给不能立即减低，同时他们在任何情况下也不能立即被解雇。政府官员在受雇和薪给方面甚至有更可靠的地位。所有这些自然趋向于使这些社会集团的总货币收入保持他们旧有的水平。

即使不谈这点，中级和较上层阶级的消费习惯也是十分稳定的，而且对他们生活标准的任何改变，特别是降低他们的生活标准，都会有相当程度的抵抗。这是十分自然的事情，因为这些依靠他们的资本和他们的信用地位的社会阶级，有较大的经济保证的感觉；也因为他们对社会习惯有较大的固着性（他们的消费的很重要部分显然属于“社会”性质，即是以声望问题为基础的），同时也因为他们的消费的技术物质结构比较固定（如房屋、其他昂贵的和耐久的消费品和私人雇佣的仆人）。现在只讨论第一点，首先，这些阶级是能够储蓄的，如果他们的收入降低的话，他们能大大减少他们的储蓄或甚至依靠他们的资本来生活。当然他们总希望能够从他们高度赞美的储蓄中得到某些东西。中上层资产阶级使储蓄或甚至储蓄的动机合理化，据说就是希望在困难的日子里能够有东西可以过活。

所有这一切带来 W 的下降。

4. 货币均衡对信用条件变动的抵抗

这些因素自然在不同的国家中会有不同的力量。一方面，在不发达和落后的国家中和在很需要依赖外部世界的国家中，它们是比较不重要的；另一方面，在资本主义结构一直是沿着自由主义路线发展的美国，它们也是比较不重要的。国家干涉和社会立法的分量不断增长，在各地一年一年地正在增加这些因素的重要性。在现在这个例子中，由于信用条件加紧而来的利润限界的缩减，使 R_2 缩减，并进一步扰乱 $R_2=W=S+D$ 这个关系时，相当固定的消费习惯和对消费品的总货币需求的稳定性，通常是恢复这个关系的力量。

关于资本市场中的这些趋势，我们已经谈得很多。现在让我们来考察消费品市场中的各种关系。在这里，维持消费品的货币需求，自然有支持消费品价格的作用。这些消费品价格仍然高于在消费习惯较不固定（即消费需求随收入减少同比例下降）时所能有的价格。

正是消费品价格的下降，使魏克赛尔过程具有累进的和积累的性质。因为在这一过程的说明中，是假设消费品价格的下降会抑低企业家预期的未来收入。由于消费品价格与资本价值之间的这种关系，固定的消费习惯会阻止这些价值的下降。同时由于资本价值与实际资本建造成本的相对高度，调节利润限界，并因而调节实际投资，所以关于资本市场的我们公式中的 R_2 比之没有这种情况时会受到更多的支持。因此固定消费习惯不论信用条件如何的紧(提高 i),它有帮助维持货币均衡的作用。

应进一步注意对生产的普遍限制已经发生的情况。的确,这种限制主要是对资本货物工业才是重要的,因此对消费品的供给的限制只是较小的。某些货物的供给,由于存货在市场中的抛售和生产过程在时间上的缩短,在最初甚至可能是增加的。但到旧的实际资本都消耗掉时,对生产的限制自然会带来对消费货物供给的更大的限制。这点发生和消费的固定性同一方向的作用,即是趋向维持消费品价格水平。但我们已经着重指出,正是消费品价格的降低,才使得魏克赛尔过程有继续向前的动力。如果消费品价格不下降,这个过程便不是积累的,而且必然要停止。

5. 消费和实际投资的弹性

以前所谈的只是一个趋势的问题。然而积极地说,我主张如次:如果维持消费的力量很强,同时如果总实际投资额对缩减的利润限界的反应相当小,那么,信用政策的作用将会被中和。

企业家越是认为信用紧张是暂时的,这两个条件被满足的程度就越大。而且今天国家的影响是更加确定地要通过社会政策来维持消费购买力,并用公共工程活动的规模和及时性来减低总实际投资的弹性。自然,在短期和长期的各种考虑之间,是有差别的。如果人们考虑的是一年或两年以上的时间,那么消费习惯就不那么固定,而实际投资的弹性可能是增加的——除非如时常发生的情形一样,技术发展的干预,大大降低实际资本的价值,因而使它成为废物,因之使在长期内维持实际投资有利(尽管利润限界原来已经减少)。但是,在另一方面,在长时期内消费品的供给会更加减少。

因此,在一种信用契约签订之后,商业情况在一定条件下,能够得到很好的稳定,最少可稳定相当的时期,使各种关系能满足 $W=R_2$ 这一均衡标准。这个新的均衡形势的特点可说明如次:消费品价格水平在很大程度上没有变动;资本价值降低,足够和较高的利率相适应,或者更一般地说是和较紧的信用条件相适应;工资有所降低,特别是在资本货物工业中;有些或许相当大的失业现象,特别是在资本货物工业中;生产量普遍受到限制,但特别是在资本货物工业中,这意味着生产的时间结构较短;储蓄减少足够使可供处理的自由资本和实际投资相一致,根据前面所说的,这种实际投资大体是受到限制的,而且只需维持一种较不迂回的生产安排。

6. 非孤立的经济的情况

当然,这只是一个抽象的例子。但是,同样地可以证明,在可以想象到和在实际上常常是更加可能的关于消费习惯的假设下,如果均衡关系为主要变动所打乱,信用政策在维持这个均衡关系上就会完全无效。然而信用政策对于与货币均衡能否维持有关的社会条件——包括生产总额、生产安排、就业程度和资本价值——并非没有影响的。和贴现率对于货币均衡的无效性相较,这些影响或许是更加值得着重指出的。为了更好地说明这个问题的第二方面,我将对我的抽象例子作小小的修正。这样,这种论证就可以紧密地结合现时(1932 年春)在某种程度上在许多国家中(包括我国在内）都是实在的一些情况。[①]

让我们考虑一个不是孤立的而是与其他国家有联系的国家，但只是通过商品贸易联系的，长期借贷和更重要的短期资本移动不包括在内。因此，这个国家与其他国家的国际贸易是用现金支付或极短期的信用来处理的；中央银行通过买卖外汇来每天和每周平衡国际收支差额的波动。这种通过短期商品信用和短期外汇的买卖来平衡国际收支差额波动，代表国际资本移动的唯一的现有形式。我们假设这个国家和外部世界正经受一个向下发展的魏克赛尔过程。然而，这个过程的加速发展已受到我在上面谈到的维持消费的各种因素的阻碍。假设中央银行预见到它的通货的汇价继续下降——由于外部世界经济萧条的加深和直接或间接发生的国际贸易条件的变化——并由于某些在我们讨论以外的其他理由，希望阻止它的外汇率的这种贬低。或者中央银行相信它能够维持现在实际通行的汇率，但是由于某些理由，希望提高它的通货价值。银行认为通过信用政策有可能完成这个目的。

根据我们的假设，国际资本移动是在中央银行信用政策任何控制之外的，因此，这个政策要影响外汇情况，就必须影响国际贸易。为了更进一步使这个情况简化，我们进一步假设，由于这一国家商品的国外市场的特殊情况，在现行汇率下，出口量只有通过出口价格大大下降才能增加。最后，我们假设，由于出口工业的利润情况，它们的价格已经贬低到这样的程度，即在一定的汇率下，它们对信用政策的任何作用的感应是比较不灵敏的。我们不要进一

① 如读者只对主要理论部分有兴趣，可跳过本章其余各节。

步去考察这些假设的真正意义是什么，但只是假设它。因此，尚待研究的只是信用政策对进口的影响。首先，我们将假设现存进口货不是很多，以致我们希望最后通过一种目的在于改变国内存货量的信用政策，来大大改变进口量。

7. 消费品进口对限制信用政策的敏感性

在这些远不是毫无意义的，而且相反地在目前是很现实的假设下，紧缩信用以影响外汇率，目的只能是直接减少进口量。换句话说，信用政策必须被当作进口的一种间接障碍。在假设的情况下，对于旨在支持通货的汇价的信用政策，不能提出其他任务。而且在这样的假设下，从国内情况的观点来看，很难设想限制的信用政策是有好处的。然而，这点我们不需要在这里讨论，目前我们只需考察政策对外汇的影响。

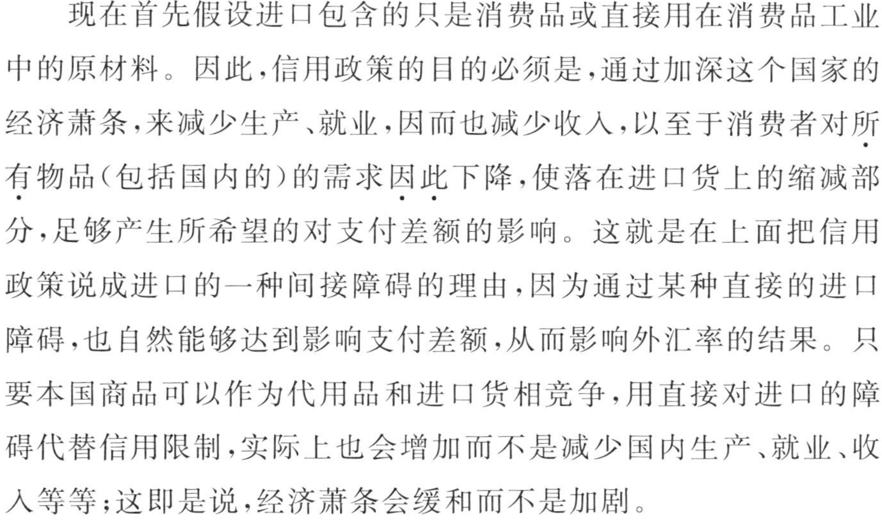

现在首先假设进口包含的只是消费品或直接用在消费品工业中的原材料。因此，信用政策的目的必须是，通过加深这个国家的经济萧条，来减少生产、就业，因而也减少收入，以至于消费者对所有物品（包括国内的）的需求因此下降，使落在进口货上的缩减部分，足够产生所希望的对支付差额的影响。这就是在上面把信用政策说成进口的一种间接障碍的理由，因为通过某种直接的进口障碍，也自然能够达到影响支付差额，从而影响外汇率的结果。只要本国商品可以作为代用品和进口货相竞争，用直接对进口的障碍代替信用限制，实际上也会增加而不是减少国内生产、就业、收入等等；这即是说，经济萧条会缓和而不是加剧。

然而，我们回头来看我们的假设。信用政策的效力，此时决定于消费者需求对为加紧信用条件所解放出来各种压抑力量的适应性。如果收入和消费习惯都由于上面所分析的因素而获得维持，那么，对进口货的消费当然不会下降。此时，信用压力唯一的影响是减少生产和增加失业；价格——除资本价值外——大约依旧不变而进口正常。如果进口货是必需品或其他缺少需求弹性的消费品，更可能有这种情况。

因此，很可能发生这种情况：我们用很不同的信用政策也能够达到关于外汇情况和消费品价格的几乎同样的结果。然而这有很重要的区别，即是一定的结果，如果是用较小的对信用的压力获得的，就会和较大的产量、更加迂回的生产安排和更为完全的就业（特别是在资本财货工业中）同时进行。此时人们也许会说，信用政策对于它的目的是无效的，如果这个目的只是与这样形式的东西如外汇率和价格水平有关的话。同时，随着信用政策的严厉程度而变动的实际投资，会很好地和储蓄及可供处理的自由资本平行移动；这即是说，从货币均衡的限制观点来看，一般商业情况仍然不变。

只有一件事需要补充。如果和我们的原来的假设相反，在这个国家内有异常之多的现存的进口物品或国内制造的可以代替进口货的物品，那么，信用政策，如果它能成功地减少这些存货的数量，便能暂时有效。

8. 生产物品进口的敏感性

前面我们假设，进口货仅包括消费品或国内消费品工业用的原料或半成品。现在让我们假设进口货主要包括用在国内资本货物工业中的物品。此时信用政策对外汇情况自然会有更大的效力。

此时，信用政策的意图是在压抑资本货物工业，以便减少它们的产量从而减少它们对外国材料的需求。这个结果的确能够这样达到。因为假定收入和消费习惯的固定性具有某种抵抗力，使得从货币均衡观点来看，即使在紧缩信用之后，情况仍大致和以前一样。然而，这种新情况将会有一个变动了的生产安排，它将减少资本生产，并因此也减少对国外和国内生产材料的需求。在这种情况下，用直接阻碍进口的办法也能得到同样的结果；如果本国制造的材料能够代替国外材料，在达到这个结果的同时还能有一个大得多的产量和经济萧条的减轻。

直到现在为止，我们全都假设出口量是在信用政策控制之外的。我们在这里放弃这个假设，并设想用降低出口价格的办法确能使出口量大量增加。此时问题是：对于这点用信用压力究竟能发挥多大的作用。

如果有相当数量的现存出口物品，信用政策动员这些存货来平衡贸易，能够暂时解救外汇的困境。但是只有降低出口工业中的生产成本才能使出口经常受到刺激。然而如果工资和其他成本要素是很不容易变动的，这点就会十分困难。因此，即使在这方面信用政策对外汇情况也可能没有多大影响。

最后，我愿再次着重指出那些真正明显的东西，即简单地说，所有用来抑制经济萧条过程的社会结果的公开干涉，必然阻碍信用政策的效果，如果后者为了某种目的是要加甚经济萧条的话。

我们已经强调过，在刚才所叙述的例子中，信用政策的目的是要加甚经济萧条（考虑到外汇情况）。如果此时其他公共团体尽它们力所能及来缓和对收入和消费的影响，则我们就会有政治关系上的典型的分散，这种分散一般是现在资本主义社会大多数公共活动的特点。正是这样“无计划性”，它是自由自动作用的痛苦遗产；当这种自动作用本身在各处被国家的或集团的控制所代替以后，又尚未曾被集中起来。

9. 信用政策的有效性

从前述一些例子中所说明的广阔的无区别范围中，可以得出某些一般性的推论。首先，我们不能从资本市场中有相当稳定的情况这一假设，或是从相对稳定的价格或外汇关系上，得出结论，认为现在存在或已经存在的信用政策、贴现率和信用限制，乃是维持货币均衡所必需的。因为货币均衡很有可能用更加严峻的信用压力或相当不严峻的信用压力去维持，而且在像当前这样的经济危机时期内，就更有可能——可以相信，会有较大的或较小的生产量、就业情况和比较紧张的社会政策同时存在。如果从同样的假设中，引出结论，认为我们有了信用政策这一工具在手中，就能够实际有效地运用它来控制和稳定已给定的情况，那么自然就犯了更加危险的错误。即使真能稳定一个时期，那也是一系列很复杂的原因的结果；如果在这些原因中有重要的变动，这种信用政策达到这一结果的能力，当然就不能用这一稳定来证明了。

如果人们在这样一种情况中寻找贴现率有效性的证明，那自然会发生最坏的错误。中央银行能够随意维持很低或是很高的贴现率,在任何一种情况下,都能达到实际投资量和可供处理的自由资本之间关系的均等。然而,在魏克赛尔理论的“利息率”范围内的移动,不仅对银行的获利率,而且对信用流通和实际投资的方向,而且一般地对社会中的收入分配,都不是不重要的。

第八章　作为一种标准的货币均衡

1. 建议的标准

直到现在，我们所讨论的只是各种理论上的关系。即使有时我们谈到某些货币政策，也只是把它作为纯粹理论论证中具有实际性质的抽象的和假设的前提来说明。换句话说，对于货币均衡的观念，我们只是把它作为在理论上分析原因或最后关系的一种工具来研究的。这样做时，我们发现它对于魏克赛尔所介绍的全部货币分析的方法，是非常重要的。因此，我们力图使货币均衡的概念更加正确，并尽可能弄清楚它和货币理论一般问题及对现实的统计观察的任务的关系。

然而，我在序言中已经指出，货币均衡观念，除了作为一种理论工具外，在货币学说中还起着另外一种作用。它已经成为货币政策的一个标准。

在魏克赛尔看来，它当然是这样。在比较抽象的论证中，货币利率与“自然率”的一致是被作为标准的。在实际论证中，被用来作为标准的则是“价格水平”的稳定性，虽然它必然是由首先谈到的基本标准所诱导出来的。我们已经提到，达卫逊已经注意到这两个均衡条件在理论上矛盾的可能性；根据魏克赛尔的“自然率”

的基本均衡公式，他主张，当生产率有变动时，制成品的“价格水平”应比例于生产率的下降或提高而作向上或向下的调整。因此“货币价值”——达卫逊是在正统价值学说生产费用分析基础上来说明的——可保持不变；根据达卫逊的意见，这在收入分配上也满足了公平的要求。

2. 缓和商业波动是主要目的

在这些和类似的货币政策的一般假设后面，存有很多很不一致的关于树立标准的观念。然而，树立货币均衡作为对货币政策的标准，它的决定性的重要目的，是**要求完全消除或者最少是缓和“商业循环”**。

这种使货币理论的分析工具（即货币均衡）和货币政策的理想（即消除商业循环）二者相互发生关系的趋势是十分自然的。魏克赛尔的积累过程——它是由于背离货币均衡而发生的——就我们在经验中所了解的，显然具有商业循环某些阶段的特点。特别是如果将货币理论和黄金量或其他决定支付手段量的因素联系起来（如同魏克赛尔所做的那样），并因而为人为的创造信用或销毁信用建立两个有若干弹性的界限，那么便能使全部商业循环问题在这种货币计划中理论化；同时也能将直接从商业循环经验研究中取得的许多观察材料结合进去，使货币计划更加现实。这一问题此处不拟进一步讨论。我将满足于一再提请注意这一事实，即从这种观点来考察，魏克赛尔的货币理论极简单地包括全部商业循环的理论，最少在这一方面——但只是在这一方面——它是属于“货币类型”的，因为它强调某些货币关系和货币事件，这些关系和事件毫无疑问，是会影响循环的进程，而且能够通过作为工具中介物的银行组织加以政治上的控制的。

的确，消灭或是减轻商业循环的波动，自然应当是为货币政策采取一种标准的主要目的。而且，由于这一目的，维持货币均衡也自然变成为货币政策的标准的表现。在魏克赛尔积累过程中，伴随发生的是几乎所有价格形成关系的变动，但在魏克赛尔理论中一个主要的因果相续关系是利润限界——“货币利率”与“自然利率”的关系——决定资本市场中投资和自由等待之间的关系。只要这个特殊的货币均衡条件没有得到满足，积累过程便会继续进行。如同我常在上面着重指出的一样，正是由于这个过程的积累性质，所以尽快地制止它，以防止强有力的反应即“反射作用”便很重要，这种反射作用是在以后由于当时需要采取的严厉措施而引起的。循环过程应当在它进行之前就加以制止。最好是当背离均衡的现象刚一在某些关系中显露出来时，便立即加以干涉，这些关系是指在过程中，即在均衡条件本身中有重要因果关系地位的。[①] 因此货币政策的标准只是继续维持货币均衡的条件。

① 自然，在一系列的原因中，更早出现的是那些促使背离均衡条件的变动(例如技术发明，预期、收入、储蓄的变化等等)。但是魏克赛尔理论的主旨是，不管这些因素如何变化，只要继续调整“货币率”使适应变动的情况——这用我们的术语来说，就是调整利润限界使 R 等于 W——就可以使过程不沿着它的道路进行；自然，这时价格关系、生产和消费，甚至如达卫逊所指出的，消费品价格水平都会变动。

3. 分析货币政策目的的前提

然而在这里必须注意，人们可能从各种不同立场提出这样的问题——而且实际上已经提出了——消除商业循环是否真有普遍而确实的利益，有利到什么程度。我在这里将不讨论这点，但为了论证起见，我将假设消除商业循环确是普遍有利的。

事实上，经济过程的性质十分复杂，不可能只靠继续满足货币均衡条件来完全消除商业循环。在前一章中，我们曾谈到货币的无区别范围的问题。现无须再深入讨论这个问题，我只愿回忆一下，一种比较完全的循环——具有价格、生产量和生产方向、就业情况、工资和类似因素的特有的变动——在经常维持的货币均衡之下发生，是完全可能的，在这种均衡下，R_2 和 W 当然也有变化，但仍保持相等。[①] 对于这样一种均衡过程的理论分析来说，这并不损害研究这些关系，特别是包括在这些关系中的各种不同的量的同时发生的变动的意义。它只是意味着，维持货币均衡并不一定就是消除商业循环。

然而没有疑问，大多数循环的发展实际上是和某些背离货币均衡联系着的，而且因此获得它们很大的振幅。[②] 因此，即使商业循环不能只靠能够维持货币均衡的货币政策来完全消除，

① 见第 7 章第 2—9 节的一个抽象例子。

② 这也是魏克赛尔的意见。有些人希望将商业循环变为纯货币现象，他不在这些人之列：这点在他所建立的货币理论中可能提到过。货币和信用关系只是使循环变得更为尖锐，如同魏克赛尔所常着重说的一样。

使循环较不严重的愿望仍然可以判断这样一种政策的好坏。可以这样说,这是摆脱循环灾难的第一步——可能是人们准备建议的唯一的步骤,如果余下的循环运动并不被认为是不需要的话。[①]

就让它那样吧。下面我们将研究的是,使循环运动严重程度较小的价值前提和基本上要求维持货币均衡条件的事实前提。

4. 无区别范围的重要性

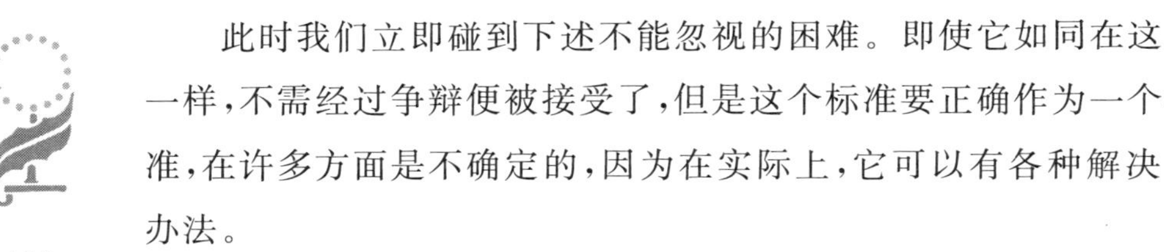

此时我们立即碰到下述不能忽视的困难。即使它如同在这里一样,不需经过争辩便被接受了,但是这个标准要正确作为一个标准,在许多方面是不确定的,因为在实际上,它可以有各种解决的办法。

在前章讨论的货币均衡的无区别范围在这里变得很重要了:货币均衡能够用十分不同的信用条件的组合去达到。而且,这些不同的组合并非在政治上是无区别的,而是必须在各种信用需求之间表示出差别待遇。现在,由于现存的社会条件,使各种信用需求对于不同的经济部门(并且在这些部门中,对于大的和小的企业家,对于资本主义化程度不同的企业家,和对于各种其他团体的成员)具有不同的重要性,因此,各种社会集团都会关心信用条件的各种不同结合。换句话说,他们关心复杂的“利率”的个别部分的不同规定,通过这种规定使得适合于平衡资本市场的利润限界得

① 参阅魏克赛尔:《讲演录》,第1、2卷,第198页[第2卷,第174页]。

以维持，这是唯一的假设的目的。

在相当平静的时期内，这种情况本身或者不十分重要，在此时期内，只要人们同时能假设一种自由的工业政策，它最少不打算使用差别待遇的办法来引导资本流入经济生活中的某些渠沟，那么自然就会遵循一种维持货币均衡的货币政策。在这种情况下，将会产生某种在许多方面是习惯性的利率和其他信用条件的“标准组合”，而这二者之间的关系将是比较固定的。在这种标准组合内部，各个组成部分的内部关系，自然能够随着 i 的一般价值的变动而改变，只是这个改变要有一种固定的规律。

在世界大战前几十年中，信用市场的组织离开这个理想的模型向不远，虽然最少国际长期信用市场和这一市场与其他信用市场的关系还不是处在帝国主义考虑和影响范围以外的，因而使得这样一种标准组合不能完全正确地表现即使是那一时期的实在情况。信用条件的固定标准结合是一种制度事实的假设，会大大减少理论上的无区别地位的范围，同时从实用观点来看是很重要的。

然而，在上章中我们曾指出过，一致地放松或是一致地紧缩各种信用条件的整个标准组合，并不一定引起魏克赛尔的积累过程，也不一定改变已经在进行中的这种过程的强度；最少并不立即做到这点。因此，即使在这一复杂情况中的相互变化被标准组合的假设所排斥，这里讨论的货币政策的标准，仍为某种差别待遇留有余地。这不是没有政治上的重要性，因为两种“松紧”程度不同的信用情况（在二者中货币均衡关系都是平衡的）会有不同的影响，特别是对收入和财富的分配有不同的影响。

5. 货币政策和一般经济政策

以前我们一直暗中假定,“货币利率”以外的,即信用条件以外的所有可控制的东西都是不变的。然而,在复杂的i中的内部变动,比之当这一抽象假设被放弃以后出现的货币分析的结果,它是较不重要的。因为,如果人们承认,所有其他可控制的社会生活情况和对它们的规定方式,同样会影响货币均衡关系,那么,如同我们在上章看到的一样,无区别范围就会大为扩大,并由此会增加作为实际货币政策标准的均衡标准的“不确定性”。稳定一种货币均衡,成为一个不仅是货币政策的,同时也是整个经济政策、社会政策和支配劳动市场、卡泰尔立法和所有有关因素的制度的问题。这些或多或少在政治控制之下的异质的东西的各种组合,连同信用条件标准组合的适当价值,共同产生稳定的货币均衡关系。

因此,只要假定只有一个普通的标准(如消除商业循环),那么,在原则上,便不可能把货币政策的考虑只限在一个客观的和技术平面上。因为这个标准是可以通过好几条途径达到的,而在每一途径中所有各种社会的、经济的问题都有不同的解决办法,同时在其中还必须比较严厉地使用信用压力。在这些经济、社会和金融政策的问题中,不能把规定当作固定在或多或少习惯上的“标准组合”上,等于在信用情况中我们认为在相当长的时期内具有一种特别真实性的东西。相反地,这些政治上的规定属于那些在货币问题的科学分析中必须被认为是可变的因素。它们当然不是问题的既定的实际资料,而每一个国家的政治斗争是围绕着它们改变方向的。因此，科学的分析，如果要得到任何真实性和实际有益的东西，必须估计到问题中的这些政治因素，哪怕只是采取可供选择的假设的形式。

不可能把货币政策的问题孤立起来，因为即使在一个既定的一般标准下，所有这些因素的不同的配合，必然会引出不同的货币政策；或者，换句话说，必然会给予给定的标准以不同的实际内容。因此，对于旨在稳定商情的货币政策的方法和内容，不同社会集团有完全不同的利害关系，即使这个政策本身能够被当作一个共同的目的，也是如此。如果在过去长时期内，在政治运动中，这点没能被人更多地注意，这主要是由于货币政策（狭义的）和国际金本位密切联系着，后者是自动发挥作用的，或者在任何情况下，都被认为是在合理控制范围之外的。但是，货币政策的问题一被提出来讨论——即使，如在危机以前，这个讨论只局限于如何调节国际金本位制以消除循环的问题——货币政策和所有其他经济政策的关系的问题，就必然成为重要的问题。

6. 货币政策的“隔离”

然而，在一个所有经济政策尚未实行社会主义集中的经济中，货币政策和其他经济政策的“隔离”是作为一个制度上的事实而存在的。即使这样，当人们讨论货币政策和其他经济政策的各种结合的影响时，这种关系自然在理论上是重要的。然而，从货币政策的观点看来，问题比较简单，因为所有其他经济政策连同所有的初期变动都代表自变数，而中央银行在追求它的目的时，必须使自己适应于这些变数，不管这些变数是什么。①

为了使我的推理不至于太含糊太一般，我准备用简单的理论上的实验来分析这个制度上的“隔离的”货币政策。在这样做的时候，我得提醒读者回忆用 $R_2=W$ 的条件来表示的关于资本市场的一般均衡公式。魏克赛尔的第一个关于生产率的均衡公式，除了对说明如何和为什么 R_2 和 W 二者的关系会成为均衡或不均衡的原因作了比较深入的分析外，已被认为没有其他意义。因此，资本市场的均衡条件与一般利润限界有关，它本身被界说为单一企业内的利润限界（c_1-r_1）的总和表述，是用有关各企业对利润限界 $\sum w(c_1-r_1)$ 的投资反应系数作权数的。为了使说明简单起见，我将用（虽然不大正确）C_1 和 R_1 分别代替资本价值的总和和建造实际资本的成本；只要不简单地将 c_1'，c_1''，c_1''' 等等和 r_1'，r_1''，r_1''' 等等加起来，而用反应系数作权数，把它们加起来，便可获得 C_1 和 R_1，由是（C_1-R_1）会等于 $\sum w(c_1-r_1)$。什么价值（C_1-R_1）会和 $R_2=W$ 一致，我们让它作为未确定的；它不一定是零。②

我们假设货币均衡（$R_2=W$）。由于某种理由，实际资本的生产成本 R_2 增加（例如，由于劳动供给的垄断成分较强，或是由于对劳动需求的垄断成分较弱，或由于有关缩短工时、安全措施、进一步的社会保险的立法，或由于任何其他的事情；这些原因不在现

① 当然，这种隔离只是局部地和实际情况相一致。只要中央银行政策被结合到更一般的经济政策之中，或是相反的，它对财政政策、贸易政策和有关问题能发生影响，这种隔离就是不真实的。自从本文最初出现以后，在多数国家中，实际情况的发展，就是不断朝着使隔离的前提越来越不现实的方向进行的。

② 参阅第四章第 14—16 节。

在的讨论范围以内)。

因此,均衡条件 $R_2 = W$ 明显地能用以下措施来维持,这些措施除了其他影响外,必须(1)使 C_1 和 R_1 等额地增加,或是(2)使 R_1 减至它原有的价值,或(3)使 C_1 和 R_1 一样地移动,无论怎样移动都可以,只是要使这两个数量达到这样的关系,使再次地实现 $R_2 = W$。可以有多种数量的选择,便说明了前面讨论的无区别范围的一个方面。无论人们如何进行,只要是 C_1 与 R_1 再次实现所要求的关系,则货币均衡总是可以维持的。如果不注意设法满足这个条件,而只让原来的差别状态继续存在,那么会开始一个逐渐加速的经济萧条过程。如果 R_1 由于技术改进的结果,或是由于前面提到的那种制度上的安排的变动,或是由于其他情况而趋向下降时,则完全相反的情况会是真实的。

对于这种情况和有关的因果关系的假设已经说了很多。我们现在假设货币政策和所有其他经济政策完全隔离。货币政策的目的在于稳定货币均衡,它能自由支配的办法只是调节信用条件,而所有其他政策则不受货币考虑的影响。我们所想象的信用条件,它的形式是一个固定的标准组合,暂且不管上章所讨论的关于信用政策"无效性"的问题。

因此,货币政策是充分确定的。信用条件只是对 C_1 有直接影响。只有通过和货币均衡分离——偶然意外之事为我们的维持标准的假设所去掉了——才会对 R_1 也有间接的影响。因此,在所述的可供选择的情况中,只有第一个才是不确定的。货币政策必须通过不断变动信用条件,来调节 C_1 对 R_1 的关系,以便一般均衡条件 $R_2 = W$ 可以继续得到满足。根据我们的假设,R_1 是与货币政策无关的变数；换句话说，它是代表这些变动的因素，货币政策为了要满足货币均衡——它是我们所认为的这个政策的标准——必须用它力所能及的各种办法来调整它自己使适合于这些变动。自变数的各种变动，包括所有最初经济变动的结果，加上货币政策以外的所有其他经济政策的结果。因此货币政策是真正“确定的”，但这只是由于我们假设了信用条件的一种“标准结合”，和由于货币政策是和所有其实际形式必然决定货币政策真正内容的其他政策隔离开来的缘故。

7. 对各种“价格水平”的影响

然而，随着 C_1 水平的不断变动，这个均衡是可以达到的。而且，由于根据所假设的货币政策，C_1 不能对抗 R_1（除非放弃这个政策），所以在价格形成体系中，大多数趋向增加 R_1 的力量将增强，而所有趋向减少 R_1 的力量会减弱，是十分可能的。这一结果将是货币政策能够容易地使 R_1 继续增加，随之而来的必然是 C_1 的相应的增加，自然，最后是普遍向上的价格移动，虽然是在货币均衡继续维持的情况下也是如此。[①]

然而，这种均衡运动——“通货膨胀”，如果人们愿意用这个名词，同时又不给这一名词以特殊的意义，例如只把它用在魏克赛尔积累过程中出现的价格移动上——能够具有政治上的意义；继续增加的资本价值，对财富的分配有直接影响。因此标准的货币政策必须设法加以

① 参阅第六章第 9 节。

补充或改变，以满足除资本主义企业利益以外的其他政治上的利益。

然而，我们在这里假设了一个孤立的货币政策，只容许它控制信用条件，此外任何别的都不能控制。在这些假设下，和在货币均衡是货币政策唯一目的的假设下，任何别的政策都是不可能的。中央银行当然能够被迫放弃使资本价值适合建造成本的亦法——例如，当通货是不自由的，而受货币均衡以外的其他标准的约束时，便会有此情况——但是那时，货币均衡被放弃，而信用循环中的萧条局面便开始。然而，这点是与我们的一般假设相反的。

诚然，也有直接影响 R_1 的方法，而不需利用由缩紧信用所造成的一般性的经济萧条。但是这些方法是不在孤立的货币政策范围以内的。任何其他能够影响 R_1 的政策都要放在这里来考察。

因此，如果继续调整 C_1 使适合 R_1 的结果是不能接受的——例如由于它会影响收入的分配——而同时又需要维持 $R_2=W$（这是我们据以论证的一般的假设），那么，在信用政策和其他经济政策的无数结合中，必须选择一个可以满足这两个条件的结合。

8. 商业稳定与价格稳定的矛盾

或者有人甚至会建议，宁愿用固定 C_1 而调整 R_1 使适合于 C_1 的政策，去代替继续调整 C_1，使适合于 R_1 的货币政策（“孤立的信用政策”）。这种解决办法，从许多方面来说，例如，就通过它可以使商业危机减至最小限度来说，可能是很好的。[①]

① 参阅本章第 13 节。

保持 C_1 固定不变，在它本身是不难的。其他情况若均相同，C_1 只是“利率”的价格反映，即是一般信用条件的价格反映；其他情况的每一变动在理论上能够为相应的信用条件的变动所抵消。

但是人们如何调整 R_1 使适应固定的 C_1 呢？信用条件只对 C_1 有主要的直接影响。因此，这个政策的困难部分必须直接放在我们曾试图用一个孤立的前提把它们保留在货币政策以外的那些其他规定上。

在资本主义时代发展的目前阶段，在任何地方都可发现对经济生活公共控制的形式，由于这点，用来减少商业危机的后一货币政策不仅是不确定的（因为它可以有很多的解决办法），而且它的任何特殊解决办法都是很难实现的。通过各种经济政策的完全结合，政策的各种不同要素彼此间的相互妨碍可以防止，但当这种结合没有普遍实现时，事实上货币政策和其他经济政策之间有一种制度上的“隔离”。中央银行只是直接管制着信用市场。

因此，总的说来，中央银行必须满足于把 R_1 看作是不受它自己的政策的影响的变数。因此，如果它追求维持货币均衡的一般目的，它必须借助于信用控制，如在第一个情况中那样，把它的活动只限于调整 C_1 使适合于 R_1。

然而，因为作为多种初期经济变动的结果的 R_1 是不断变动的，货币政策不能保证 C_1 的固定不变的水平（或者一般地说，“价格水平”）。由此所发生的关于收入和财富的分配的后果以及有关问题，都曾经提到过。如果这些后果显得不能令人满意，而中央银行希望加以阻止时，由于是一种既定制度上的隔离的结果，中央银行除了**放弃把货币均衡作为货币政策的标准**，别无其他办法。当信用循环为中央银行本身的政策所引起时，它必须力图维持 C_1 的稳定——或是“价格水平”的稳定——即使当这样做需要背离使 $R_2=W$ 的 C_1 对 R_1 的关系时，也应如此。在现存的政治与制度的情况下，商业稳定和价格稳定二者之间理论上的矛盾，基本原因就在于此。

由于价格体系的各种变动（其中当然有很多是属于周期性的而且尤其和实际资本的耐用性有关），也由于经济规定的各种变动，不论所要稳定的是什么价格水平，要不扰乱货币均衡，价格稳定是不能达到的。魏克赛尔过程的趋势越累进越积累，为阻止一般价格变动所必需的信用条件和价格比率的变动就会越猛烈。因此，商业循环是不能用这个政策来消除的。

9. 黏性价格的稳定

因此，稳定价格和消除商业循环，在某种程度上是互相排斥的互相矛盾的两个目标。然而必须立即补充附带条件，即是这种矛盾当然只是程度上的问题，它决定于要稳定的是哪一种的价格水平。如果人们想最大可能地缩小商业循环，但同时又要防止过大的特别是单方向的价格变动（这种价格变动自然会最严重地影响分配），那么就必须努力稳定那些本身带有黏性的价格的指数。这点在实践上往往是引向稳定工资。更详细的论证，请读者参阅第六章。

稳定那些本身已经是十分不容易变动的价格，和维持货币均衡的要求并不矛盾，因为它为其他价格的变动留有广阔而有弹性的余地。稳定具有黏性价格的水平，容许所有其他价格水平（包括资本价值在内）的某种自由。从我们的观点看来，特别重要的是中央银行能够调整 C_1 使适应 R_1 的变动，而不扰乱黏性价格的指数，一直到 R_1 的变动本身开始参与这种调整时为止。

因此，就是这样一种作为短期货币政策的标准的价格稳定的"不确定性"，从稳定商情的观点来看，它是有益处的。人们实际上所要防止的，常常只是单一方向的价格变动对长时期收入分配的积累性影响；同时，还要大力防止以便能够接受一种偶然的和货币均衡的背离以及随之而来的扰乱作为约定的一部分。

从同样的观点来看，很明显，在具有上述那种货币政策的组织的资本主义社会中，C_1 是人们所要稳定的最后一个价格水平。当 R1 变动时，稳定资本价值会很快使经济从这一方向或另一方向继续陷入魏克赛尔的过程中。对所有灵活性商品价格的指数来说，这同样是适用的，更不要说对于那些在外行人眼中被视为单纯"价格水平"——这通常是一种批发价格指数——的指数了。

10. 稳定价格对预期的影响

这里我们只是从商业循环政策的观点来说明稳定价格的困难。然而从同样的观点上看来，旨在稳定价格的货币政策是有很大益处的。通过这样的政策，可使由企业家们对未来信心的变化所决定的那些运动趋向缓和，企业家们对未来信心的变化，在实际商业循环中和在魏克赛尔理论的积累过程中，都是起着原因作用和增加波动幅度的一个因素。一种公开宣布的货币政策，如果不是用简单的和对企业家们的预期有直接重要意义的词语来说明，便不能达到它的目的。这些要求只能通过用价格来说明的货币政策来满足。

要建立一个价格指数，使它的稳定能够最大限度地缩小商业循环，当然必须将黏性价格依据它们在有关企业家的利润率和投资计算中的重要性来加权。这样我们也能够得到在第六章中曾详细讨论的同一指数，在这种指数中，各种不同物品的价格或同一物品在不同市场中的价格是依据它们的黏性和它们对实际投资的重要性来加权的。从第六章第5节的说明来看，很明显，用这两种加权原则的第二种，不仅要计及利润率的变动（对某某许多不同规模的公司来说，给定的价格变动已包含有获利率变动的内容），而且还必须用适合于这个工业部门的投资反应系数去乘这个数字。在另一方面，在这点上，这个指数不应依据变动的"内部的"原因来继续调整，因为人们希望通过巧妙地离开均衡条件来避免的，正是这些"内部"原因对于整个价格体系的影响。这后一事实必须受到欢迎，因为"内部的"和"外部的"价格变动二者之间的分界线，在原则上并不很清楚，而在实践上更难确定。[①]

因此，要最大限度地缓和商业循环，而单一方向的一般价格变动又不致太大，便必须稳定这样的价格指数，这一法则是从我们关于事实和价值的两个前提中得出的结论。我再次着重指出，从各种社会集团利益的观点看来，这样说明的货币政策标准，它的实际内容仍是不确定的。这个内容只有当所有其余的经济政策都决定

① 参阅第六章第11节。

后才能是确定的。

目前(1932年春)的情况显然不是货币均衡的情况。一个萧条的魏克赛尔过程已经在进行了好几年了,结果是甚至连不易变动的价格也在缓慢地下降,虽然其下降较晚一些。为了要开始这样的货币政策,自然必须把资本价值和其他容易变动的价格提高到能够在黏性价格现有水平上恢复货币均衡的水平。只有通过这种方法,黏性价格的不断下降和伴随而来的继续加深的经济危机才能阻止。

11. 最大限度就业的标准

现在我拟对比较一般性的货币政策的一些其他标准进行简略的考察,这些标准是在讨论这个主题时被提出来的。当把它们提出来时,它们的提议人常常试图在理论上使它们互相之间调和一致,并使它们和已经讨论过的一般标准调和一致。

我在这里将不谈所有要把稳定价格水平看作是货币政策的一般标准的各种尝试。关于我曾在上面谈到的,我只愿着重指出,目前所做的为这种标准辩护的各种认真的尝试——这些尝试在说明它们的标准时,不是简单地假定固定不变的价格水平意味着实际消除循环,也不只咬文嚼字地重写这一先验的假设——都必然忽视了两件事情。第一,有些初期变动,它们对价格关系的影响是不“一致的”,或是,它们不是简单地由信用条件变动所组成的;第二,有些制度的因素,它们使各种价格或不同市场的同一价格有不同程度的黏性。由于上述的无区别现象而造成的这个标准在纯理论上的不确定性也被广泛地忽视，这点就用不着再说了。

我也不谈各种含糊不清的关于政策的提议，它们的最大优点在于包含根据人们的感情而作出的论证，这是因为通过词句的选择，它们形成了各种容易激起同情的普通常识的交谈。因此对货币理论家们说来，它们毋宁是用文字装饰起来的更加精确的叙述。属于这些的，例如要求金融或经济生活必须稳定，在经济机构中必须达到均衡，通货膨胀和贬值必须避免和所有其余时常听到的呼吁。

人们时常建议的一个标准是货币政策应力图维持生产手段最大限度地得到利用。它通常被说成是失业应保持在最小限度。我要回头来参考第六章第8—13节，在那里我们表明以这一目的作为唯一标准的货币政策，不是导致某种一般的积累的价格变动（这点，主张这种政策的人当然也不会同意），便是要要求对市场作很广泛的公开的管制。这点，这些倡议人就更不会热心去拥护了。

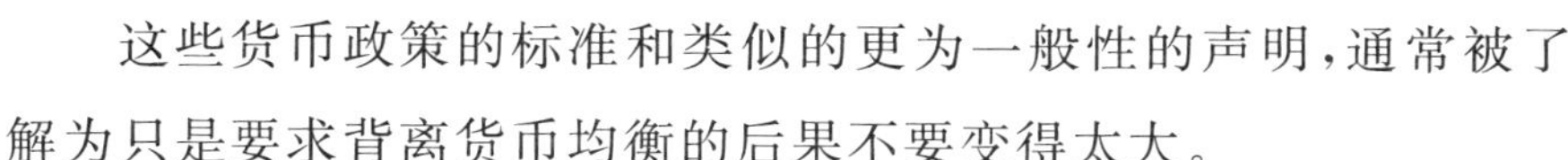

这些货币政策的标准和类似的更为一般性的声明，通常被了解为只是要求背离货币均衡的后果不要变得太大。

12. 两个其他一般性的标准

另一方面，作为一般的要求，常常有人提议，货币政策应为它自己规定一个明确的目的，然后坚决地实现它；同时这个选定的标准应该公之于众，使所有的人能够把它作为预期的基础，以达到最大的利益。

然而，这种要求从树立标准的观点来看，纯粹是形式的。它和任何货币政策或商业循环政策无论在哪方面或在任何方向都是一致的。作为货币政策的一个工具，它获得它的基本重要性。只要这种既定的政策能够影响企业家的预期并由此也能影响价格和商业一般的变动，这个公开的要求便可以有利于这一政策的实现。然而，作为政策的一种工具，它就不会使标准内容的决定成为多余的和无关的——像在一个对未来情况能够完全而正确预见的世界中所发生的那样，——所以在本章中所讨论的整个问题仍然须待解决。

常常碰到的另外一种对货币政策的建议，要求契约的“实际内容”变动的风险应减至最低限度，也就是说，这个政策应使金钱权利的“实际”价值和“预定”价值之间的差异尽可能减小。这个标准往往(虽然不是经常)作为实际要求所谓价格水平必须保持不变的动机。在这点上，它假设信用契约是根据价格保持不变这一观念来缔结的，它并着重指出所有一般价格水平的变动会扰乱财富和收入的分配。据说这些扰乱是武断的和偶然的，因此不是人们所需要的东西，即使在那些人认为现有财富和收入的分配既不公平、也不值得维护的人们看来也是这样。

但是这并不是不辩自明的事情。财富分配的这种改变，在某种情况下，可以和某些有关价格管制和租税的措施相结合，使有利于第三者而不利于在重新分配中获得利益的当事人。人们能够想象得出，这样一种改变当然不会是一种偶然事件，而是仔细考虑的结果。那么，为什么它是不“合理的”便很难理解了。然而，也许更加重要的是要强调指出，有很多其他需要考虑的问题，在仔细考虑货币和商业循环政策时，是比债权债务关系更为重要的。大多数人既不是债权人也不是债务人，在某些情况下，他们的利益和这个货币标准可能离得很远，这种标准事实上只是考虑到有产阶级的。

然而，我们将不谈这一问题的这种有意志力的方面。在任何情况下，这种要求显然也是很形式的。它的内容决定于放款和借款的资本家对货币政策的目的和成就抱有什么看法。如果在这里，在讨论标准的选择的时候，我们忽略了后者，而只是十分简单地认为货币政策当然有最大成就，那么，这个标准就仍然须待决定。如果这种决定也被认为是理所当然的，那么，契约显然会常常得到和所决定的标准一致的“预定的内容”，不管这个内容实际上包含些什么。因此，这种“实际内容”——它通常是和“自然权利”及有关概念的法律上的讨论有关的一种观念——并不能说明应该如何建立一种合理的长期政策。同时在短期内，我们已经说过，也有很多其他利害关系，其中部分是矛盾的。

人们至多不过是必须把契约的“实际内容”变动的风险应减至最小限度这一要求说成是一般的和多少不确定的价值前提的基础，这个价值前提即是不能容忍太大的和单一方向的价格运动。如果人们将这一价值前提和商业循环运动应尽可能消除这一前提结合起来，他就会得到我在上面曾试图弄清的结论，即是人们应力图达到$R_2=W$这一公式可能的最完全的满足，而这种满足又与根据各种价格的黏性及其对利润率和实际投资的重要性来加权的价格指数的最小可能的变动不相矛盾。

13. 将商业风险减至最小

货币政策要尽可能地减少商业风险，即是说，要使企业家的得益与损失尽可能的小；这种不时被提出来的要求关系着两种事情之一。第一，它关系到新投资；在这种情况下，这个要求可以解释为意味着$\sum(c_1-r_2)=0$，就全体说，这个等式意味着在某种附带条件下，货币均衡是应当维持的。这种政策的理论内容和后果前面已经研究过了。第二，可能要使企业家的一般的得益和损失减低。广义地说，这个要求意味着 C_1 要保持固定不变；关于这点可参阅第 6 至 9 节。但是，如同我在那里着重指出的一样，C_1 是一种价格指数；在所有经济政策没有完全的社会主义的结合和集中的情况下，如果希望达到和价格关系中某种稳定的要求相一致的最大限度的商情稳定，这一指数是最不稳定的。其原因是，只要可利用的货币政策的手段——信用政策——主要是直接影响需要维持固定不变的量 C_1，而不是影响需要调整的量 R_1，调整 R_1 使这合于 C_1 是很难实现的货币政策。货币政策之影响 R_1，事实上只能通过背离货币均衡来实现，而这会妨碍商情的稳定。因此，如果货币政策不考虑商情稳定，而只是力图使企业家的得益和损失尽量减少，那么，稳定商情就要求企业家不时遭受超过这个可能希望的最低限度的得益和损失。

这就是说，在出现决定价格的主要因素的变动以后来维持货币均衡，是和经济发展不同的，经济发展对资本家来说最没有风险。货币均衡意味着只对目前实际投资的得益和损失加以平衡。这是和对现有实际资本的得益和损失也加以平衡是完全不同的事。

14. 达卫逊的标准；价格变动与生产率的变动成反比

最后，我将谈到另一个货币政策的标准，它是达卫逊所拟订的，同时在货币文献中别的地方也能看到，即是，制成品的价格水平的变动应与生产率的变动成反比。由于在第六章第 6 节所详述的理由，这个标准在某些限制条件下，能够被看作接近于下述的标准：一种根据各个价格的黏性和其对投资的重要性而加权的特殊价格指数应当保持固定不变。我们曾说过，这一标准和取消资本主义企业风险是不一致的。

达卫逊把第六章中我所提到的论点以及关于“公平”分配和在绝对意义下的“货币价值”的某些一般假定，作为要求价格水平变动应和生产率成反比的这一货币标准的根据。我不能在这里对价值的经济理论作一般的认识论的讨论（这种讨论对于探讨达卫逊的这些论点来说是必要的），因此，我必须请读者参考使这些论点成为可能的全部思想方法的理论性的批判。[①] 在这里没有理由讨论达卫逊的论点，从我的立场来看，这是多余的，因为我自己刚才提出了（带有明确的保留条件和在事实与价值二者的某些前提下）一种包含有某种价格稳定的货币政策，而由于某些实际的关系，达卫逊的标准对它十分接近，尽管后者的动机是不正确的。

我在这里始终根据第 3 节所述的价值前提，讨论了应当缓和商业循环的问题。我不打算评论对商业循环的纯机械的态度。这种态度通常强调为了刺激经济生活，繁荣是“必要的”，同时为了清除在繁荣时期中产生的投资错误，危机和萧条也是“必要的”。这

① 《国民经济学说形成的政治因素》（*Das politische Element in der national ökonomischen Doktrinbildung*），柏林 1932 年版；《国民经济的目的、手段、思想》（*Das Zweck-Mittel-Denken in der Nationalökonomie*），载于《国民经济杂志》，维也纳 1932 年版，第 4 卷，第 3 册。

种机械的态度有很多细节上的区别。总的说来，它根据商业循环和货币理论来说明经济自由主义的合理化，它将它自己对计划经济统制的宿命论的反对态度建立成为一种学说。这种奇特态度的心理学上的基础是，人们有根据某些有节奏的循环运动来思考的习惯。他们反映，我们走路总是先用一条腿，然后再用另一条腿；在涨潮之后便跟着退潮；在晴天之后便跟着降雨；白天之后接着而来的是夜晚；同样，好的日子和坏的日子必定是相互交替的。卡赛尔曾幽默地说，整个这种态度也许最后是以古老的清教主义为基础的；幸福总是坏的不道德的事情；为了使得到幸福的人可以赎罪，在它之后应当有可以涤除罪恶的痛苦。因此，在繁荣（虽然它有很多可悲的缺点）之后，坏的日子应当到来，这是很适当的、正确的和自然的事情。

第九章　货币分析的方法

1. 基本前提

在这点上，我愿回顾前面所遵循的指导原则，即从对魏克赛尔货币理论的含蓄的批判中来合乎逻辑地加以阐述。我打算从他的理论的主要假设出发，来弄清货币均衡的意义，这我认为是当然的。但是我保证我在最后要考察这个基本假定下面的一般性的假设。这一任务尚待完成。

我用来作为这一研究的基础的假设是魏克赛尔关于积累过程的观念，特别是在 $i=y_2$ 关系中它对不均衡情况的因果关系的观念。根据主要理论的观点研究了这后一关系以后，我曾给予它一个与魏克赛尔所给的不同的而且是比较明确的意义。然后，我达到这个结果，即第一个均衡公式，即使经过重新说明以后，本身仍是站不住的，还必须根据更一般的第二个公式 $R_2=W$ 的推论来加以证实。然而，后者如果不根据第一个公式来分析，它只有很拘泥形式的内容，不能说明因果机械作用。即使这第二个公式也必须在若干方面加以修正。魏克赛尔的第三个均衡公式根本上是错误的；在商品市场中，货币均衡表现出来的结果与所谓在固定不变价格水平下出现的结果完全不同。在这个仍然是含蓄的批判的结果的分析结构上，我力图重建魏克赛尔的理论模型，而且在本文所规定的结构范围内，尽可能地使它完全。这个考察总是从首先谈到的基本假设出发，坚持理论上的正确性和理论上的一致性这两个基本要求循着通常的轨道进行的。考察的结果是以魏克赛尔基本假设为基础的理论模型，但它是比较明确也不再是自相矛盾的了。没有理由来隐瞒这一事实，即这个分析的较为成功之处在于发现而不在于解决还未解决的问题。当然，我们还远不能把魏克赛尔理论说明得使它能够有效地成为用于组织观察和分析实际发展情况的工具。我已经说明，这一理论的价值和所有其他理论的价值一样，必然最后决定于这种实际应用。最后是否可能的程度。

当我们要来考查基本假设本身的时候——或者更正确地说，当我们要使隐含在这个基本假设中的一般假定变得明确的时候——我们必须记住，这些一般假定的若干方面是已经在本文中讨论过的。因此，在很大程度上，我能够满足于参考前面已经说过的话。

2. 包含在这一前提中的一般假定

当然，最重要的假定是旧的、人所熟知的关于“合理行为”的假定。这个观念是，很多私人企业家都合理地行动以尽量扩大他们的利润。当货币利率降低到自然利率以下时，他们立即抓住有利时机追求利润。因此，生产方向——当有尚未利用的设备能力时，生产量也——会由于获利率的变动而发生变化。

合理行为的假设，总的说来，在经济理论中被处理得很不好。

边际效用学派用一种包含很普通的心理学的说明来支持它，这种心理学是用愉快与痛苦的机械作用来解释的。经济行为的说明据说是在于人们都要求愉快或满足，它是用这些术语合理化起来的。由于人们在行动上不常是十分合理的，因此据说这个假设只有近似的实在性。

如果完全离开关于通常的供求曲线的这种“说明”是否可能的问题，[①]很清楚，边际效用学派对“企业家的合理性”的这种解释是完全多余的。除了说用货币数量——不是效用或边际效用——来计算债权和债务的企业家，为了能够获得最大可能的也是用货币来表示的利润来进行计划和行动以外，没有说什么更为复杂的东西。为什么不直接承认这点只是对资本主义制度下人民的行动的说明呢？它对经济理论有什么关系呢？过去有现在仍然有一种自由的形而上学的合理化，它为了为社会辩解论奠立基础，而称这一行为是在更深刻意义上的“合理”，这究竟有什么关系呢？对于我们为科学目的而需要的那种说明，它能提供到怎样的程度？为什么不直接在和实际的“商业经济”一样的经验基础上开始呢？

因此，只要这一假设没有做得太“深刻”，它就不会损害魏克赛尔的基本假设。更危险的是他的在很特殊意义下的关于“自由竞争”的假设，这点已经讨论过了。首先，认为在均衡情况下，y_2 在全部经济体系中都有同样的数值，这显然是不真实的。而且，这个体系的各个部分对 y_2 与 i 二者之间给定的差额，有不同的反应。然而我们已经能够免除这两个假定：第一，通过以 c_1 和 r_1 的数值

---

① 关于这点，参阅《国民经济学说形成的政治因素》，第四章。

代替均衡公式中的 y_2 和 i;和第二,通过引进投资反应系数,它是被当作可以观察的和理论上可以测量的投资量与相适应的利润限界二者的比。因此,垄断成分能够立即结合到魏克赛尔理论中来。再者,引用投资反应这一纯行为主义者的概念可以使我们在说明"合理行为"时不必使用享乐主义的假设。

对于以魏克赛尔理论为基础的实际分析的一项大困难,一般是由"短期"和"长期"影响的不同所引起的。这个困难在理论上可以根据所考察的时期指定投资反应系数来加以克服。同样,将魏克赛尔的 i 分解成为它的各个组成部分,在原则上不会引起困难,也不会对魏克赛尔的原始假设发生疑问;特别是当将 y_2 对 i 的关系用 $c_2 : r_2$ 或 $c_1 : r_1$ 去代替的时候,更是如此。其后果只是我们必须进行信用条件的组合。不仅货币政策会影响均衡形势,所有其他经济政策也会影响均衡形势,由于这一事实所引起的困难,在理论上也是可能克服的,因为很明显,任何实际资料的变动都会改变可以保持均衡的 i 的数值,同时也会改变在均衡中占优势的经济情况的性质。关于无区别范围有趣的问题,它本身并不会导致任何理论上的基本缺点。因为无区别这一概念指明,正是依据这个理论,这个问题才被提出来的。在一般价格理论上,魏克赛尔本人常常几乎要说明无区别范围这一迷人的问题,虽然在货币理论上他没有运用这一思想线索。

在本篇论文中,我们还没有接触到由于国际复杂情况所引起的问题。魏克赛尔的理论主要是在一个封闭经济中才是真实的;只有当商业循环的各种情况在世界各个部分同时发生时,它才能直接用来对世界经济作一般的分析。在某种程度上,在世界大战以前事实上或许是这种情况。然而在更深刻的分析上，必须考虑到国际差异，特别是在现在发展情况下比之战前更应该这样。但是在魏克赛尔的理论结构中作出这种区分在原则上是没有困难的。所有我们必须做的是要修正资本市场公式中的 W，使能考虑到国际资本的移动；同时当然也要分析 i、e 和任何其他东西的国际关系。

正是因为魏克赛尔对货币理论的说明中所包含的成分，都没有使他的理论不能在各点上根据需要观察的事实加以修正，所以它才在科学上有丰富的收获。很明显，它是一个很正式的理论，因此不是以根粗略的近似数值为基础的(只用一个例子来说明，如正统的生产成本论就以此为基础)，这些粗略的近似数值在观念上是必需的，不能放弃，因此它们堵塞通向更加现实的分析的道路。

3. 经济理论的两条阵线

关于事实与价值二者之间的理论关系问题，作为一个典型的功利主义者的魏克赛尔必然把它留下来不去弄清的；假如我们不考虑这一问题，那么魏克赛尔除了他的科学上的创造力以外，他还有一个清晰而经过很好思考的认识论。而且，这位学者的这两个方面结合得很合理想。因为正是他对认识论的深入理解才使得他的直观天才能够自由发挥，尽管他还有形而上学的模糊之处。他常常把他的货币理论说成是一个假设。这样一个抽象的理论结构不能是别的东西。最后我们要发问，作出这种故意假设的和很抽象的形式理论结构并把它这样详细地加以讨论，有什么意义呢？

适当地说，它应当被描绘成为对所要观察的事实提出的在理论上相互关联着的问题的体系。它只是一种观察材料的组织，表明对知识的理解力。只是观察材料不会产生知识。没有一个严谨的经过思考的理论去组织观察的材料，知识必然会成为粗糙的虚假的东西，因为这样它就会被弄成不能控制的和异常简单的理论了。因此，抽象理论和已确定的“事实”和“法则”相较，总是演绎的。一般地说，事实与法则只能在假设的理论中为科学而存在。除此之外，它是否有别种的存在，幸好这不是任何特殊科学所要决定的问题。因此，理论考察的主要术语是“问题”与“假设”，而不是“事实”与“法则”。在理论上，任何肯定的命题都有它的条件子句，即使当它采取合乎逻辑的简略形式时亦是如此。因此，典型的抽象理论是一个完全的逻辑的循环。结果理论本身不能包含关于现实的实际知识。

这种演绎的程序是不可能省掉的，特别是在目前，在社会科学中必须加以强调。要得到有理性的答案首先要提出有理性的问题。同时，必须同样明白地强调：这种处理的方法不是简单地为那种目的主要不在于提出一系列有关问题而在于建立“法则”的、常识的、演绎的、绝对主义的旧理论作辩护。科学理论的两条阵线——反对朴实的经验主义和反对理论的绝对主义——都必须坚持。

4. 反对朴实的经验主义的阵线

从第一个阵地开始：美国制度学派对克拉克以后毫无生气的时期绝对主义的推理的反应是完全正当的，遗憾的是它有时公开要求不可能的事情——进行观察和提出答案，而不提供一套清晰而相互有关的问题。当然制度学派是提出提问的，当然他们也有抽象的演绎的理论。的确，他们时常甚至提出很聪明的问题。但是必须着重指出的是，这种必然包含在对问题的说明之中的理论，是不大能为人接受的，因为它只是隐含地表现在结论之中。因此，这种隐含着的理论偷偷地越过了第一个检查站——不可动摇的要避免内部矛盾的必然的要求。

老的正统学派对一般法则有它的演绎的或是“直观的”说明，对这一学派的批判态度必然导致人们更加严格地遵守关于包含在抽象理论之中的假设的体系——即问题的体系——的完全性、明晰性和相关性的要求。本文在含蓄的批判上就是朝着这个方向上对这种理论的有限范围所作的一种尝试。

但是，虽然从这个观点来看，抽象理论在方法上是演绎的，然而，它同时有一个联系经验的链条。全部的困难就在于此。归根到底，经验和观察仍然是至上至尊的。理论的“假设”总要加以检验，看看它们能否和我们对现实情况的观念调和一致而没有矛盾。当然，理论不能用观察来“验证”（在严格意义上说的），正如问题不能用答案来“验证”一样；观察只能填充理论留下的空间。然而，观察是检验理论的“空箱子”的。也就是说，这些空箱子必须有空间来容纳这些观察的材料。理论的问题和观察所得的答案的全部集合体必须形成一个有系统而没有矛盾的整体。如果不是这样，问题必须更改，因为观察（如果是正确的话）是只有在给它们一个新的“意义”时才能变动的。

因此，理论的批判要遵循着两条道路：理论结构内部的和在其周围的相互关系。抽象理论差别越大，引进来的情况越是错综复杂，越是要进行进一步的观察，在这种情况下，假设就越要依靠经验来决定，并越要提出更多的问题才能容纳它们自己的答案的成分。

5. 反对古典烦琐哲学的阵线

朴实的经验主义的进退维谷的情况是明显的。一般地说，它的方法论的纲领并不需要严肃对待，它只不过被看作是反对旧古典学派普通常识的、演绎的经济理论的一种夸大的陈述，这一学派实际是企图从单纯的思考中抽出一般的法则来，而不只是表述一套相互有关的问题。以下篇幅试图弄清我们心中存有的另一方法论上的阵线——不是反对近代制度学派而是反对古典的式微的东西的阵线。

有一个方法论学派——本书作者不属于这一学派——它对抽象理论要求得这样高，使得它不能满足于只是尽可能清楚和完全地表述问题并使问题与经验事实相对质。很奇特的事实是，这个学派有时把过去可感知的观念合理化起来，创造一个"现实主义"的幻想，以为如同我们走路需要两条腿一样，我们在科学上需要用"演绎法"和"归纳法"两种方法。但是这个"归纳法"常常不能超出"用实际例子来说明理论"的范围，因此人们常常在不知不觉中仍然留在理论上的绝对主义之中，它演绎地说明一般法则，然后用选择的例子来证明这些法则。因此，所有现实主义的成分都存在于这些例子之中。这种证据是有系统地选择出来的。

有些读者没有受过科学训练，如果希望用心理学上的联想来使他们了解，或甚至指出某些他们能够了解的论证方法来使他们了解，那么在通俗的说明中用上一些实际的例子可能是有好处的。但是现在我只是往讨论科学研究方法，在这里，至少在这些基础上，不能说使用这些例子是适当的。在科学著作中，心理学上的联想毋宁是一个离开本题和拘泥于字句的迹象。

真正的对抽象理论的经验证明有完全不同的表现。它的结论的范围由研究的明确的前提规定了逻辑上的界限；并且也进行各种努力使观察的事实尽可能完全。被视为科学的经验主义的实际例子，只是一些没有价值的笨拙的东西。

在抽象分析上，它们没有更多的用处，因为正是由于它们的明显的现实论，它们阻碍而不是促进对前提的充分而适当的说明。因此，它们使得理论上的命题有可能逃避承认它们的假设的性质，而这些命题被给予包含实际的知识的外貌——这本身是不可能的。

因此，当我在前面力图用一个例子来弄清我的论证方法时，我有意识地使它有高度的抽象。用实际例子和历史上相似的事例来说明的考察的方法，我觉得在我们科学上是属于早已过去的时代：它正像纯经验主义一样是不能令人满意的方法，因为它对理论上的明晰性是一种障碍。对实际情况的在理论上有计划的经验分析是完全不同的东西。在认识论方面，魏克赛尔的明晰性的特点是他经常轻视这种廉价的“现实主义”的方法。

6. 科学研究中的常识成分

然而，对这种“用实际例子说明的方法”有一个解释，虽然不是能证实它是正当的理由。这种解释存在于启发的观点之中。从纯粹心理学观点来看，实际例子在科学研究中起着社会科学所需要的常识媒介物的作用，虽然，首先它得先经过净化。

因此，在理论上我们不得不经常地在这些场合下选择假设，在这些场合下没有满意地组织起来和考核过的实际材料，或者用现有的观察方法（例如企业家对未来的计划和计算）还不能得到材料。这里便有了常识的成分：理论结构是以很复杂的、一般的、归纳的社会知识为基础的。这种普通常识在事实上支配着我们用以形成假设的整个过程的大部分。像魏克赛尔这样的伟大科学家的创造力，就在于正确的常识，它引导他经过思想上十分紊乱的情形而构成对科学具有意义的根本问题。

但是，正是经济理论中这种常识的成分使得对理论结构的严格批判的分析变成非常重要，而这个理论结构是用明确的方法论说明的。因为在多数情况下，这种常识与许多不知不觉的、随意的成分联系着，因此如果要使理论的明晰性不受到牺牲，最少应把这些成分说明清楚。而且，常识本来就有绝对主义的倾向，也就是说，它是不科学的。常识不处理假定的问题，只处理直接的答案。

因此，这种常识的成分有它的根源，有它的说明，而且在某些场合下，当完全的科学验证研究事实上缺少可能时，在某种程度上它有它的辩护理由。这些常常是理论论证的联系环节。因此，能够检验论证的唯一方法是纯粹抽象的理论，这是不辩自明的。因此，在抽象理论范围内，批判派的经济学者的主要任务就是不断地和无情地把所有存在于抽象理论中的常识全都放到阳光之下来。当弄清楚以后，这种普通常识的知识在一定情况下便可能成为假设。常识成分是不能完全排斥的，因为这样我们的第一个问题便会完全不能接触实际，而变成十分武断的东西。但是能够把它公开出来，并且能够清除它所包含的所有形而上学的东西，人所共知的肤浅的东西和错误的结论。再者，在这一方法下，容易为常识所支配的科学直观会变得更有收获。而且在各种不同的考察场合下，何处和应当如何用经验研究去代替普通常识也变得清楚了。

在这样表述和净化的问题的帮助之下，观察材料必须在经验研究范围内组织起来。当然，经验的考察工作是最重要的东西。任何像本书著者一样，在本身一致的、严密的、逻辑的圈子内注意抽象理论的理想的人——常常假设以为循环的解释可以尽量适用于经验工作——都不能认真希望只从抽象推理中便能获得真正的知识。

图书在版编目(CIP)数据

货币均衡论/(瑞典)缪尔达尔著;钟淦恩译.—北京:商务印书馆,2017
(汉译世界学术名著丛书:120 年纪念版:珍藏本)
ISBN 978-7-100-14158-1

Ⅰ.①货… Ⅱ.①缪… ②钟… Ⅲ.①瑞典学派 Ⅳ.①F091.346

中国版本图书馆 CIP 数据核字(2017)第 138580 号

汉译世界学术名著丛书
(120 年纪念版·珍藏本)
货币均衡论
〔瑞典〕缪尔达尔 著
钟淦恩 译

商 务 印 书 馆 出 版
(北京王府井大街 36 号 邮政编码 100710)
商 务 印 书 馆 发 行
南京爱德印刷有限公司印刷
ISBN 978-7-100-14158-1

2017 年 12 月第 1 版　　开本 710×1000 1/16
2017 年 12 月第 1 次印刷　　印张 13
定价:73.00 元